SALON DE 1852

PAR

M. ALPH. GRÜN

RÉDACTEUR EN CHEF DU MONITEUR UNIVERSEL

PARIS

TYPOGRAPHIE PANCKOUCKE

Rue des Poitevins, 8

—

1852

SALON DE 1859

PAR

D'honorables suffrages et les demandes réitérées d'un grand nombre d'artistes m'ont déterminé à réunir les articles que je viens de publier, dans *le Moniteur universel*, sur le Salon de 1852. J'ai essayé, dans ces rapides appréciations, de concilier la franchise avec les égards, de me tenir à égale distance de l'engouement et du dénigrement, d'éviter à la fois le paradoxe et la routine, de rester indépendant même de mes amitiés. Quoi qu'on pense de ma tentative, on me rendra, j'espère, la justice de reconnaître que j'ai écrit avec sincérité et simplicité : je ne revendique pas d'autre mérite.

A. GRÜN.

Paris, juillet 1852.

SALON DE 1852.

La plume qui trace, dans les colonnes du *Moniteur*, le compte rendu des expositions, va changer de main : ce sera, pour les lecteurs, la cause d'un regret légitime; pour moi, l'occasion d'une explication nécessaire. Afin de me déterminer à desserrer, sans les rompre bien entendu, les liens qui m'unissaient à un collaborateur tel que M. Fabien Pillet, il n'a pas fallu moins qu'un désir spontanément exprimé, une demande fondée sur des motifs respectables et péremptoires. Ni les artistes ni les amateurs n'oublieront le goût éclairé, les connaissances étendues, la justice bienveillante, les observations judicieuses qui distinguent la critique de M. Pillet. Ces qualités ont de quoi effrayer un successeur; et je dois, avant tout, me faire excuser d'entreprendre une tâche bien difficile. Je n'ai pas eu la témérité de la rechercher, mais je me sens le courage de l'accepter. Un amour inné des arts, quelques études, quelques voyages, des essais partiels, des rapports habituels avec les artistes sont-ils des titres suffisants ? Personne n'en doutera plus que moi-même :

ce qui me manque, je le demanderai à l'indulgence du public et à la constance de mes efforts.

De quiconque se présente pour juger, on est en droit d'exiger une profession de foi, une déclaration de principes. Je ne décline pas le devoir de manifester, dès l'abord, mes sentiments. Je viens, sans parti pris pour aucune école, avec la ferme volonté de ne subir aucune influence d'atelier, de mode, ou d'affection. Il y a place dans mes admirations pour Rubens et pour Raphaël, pour Rembrandt et pour Lesueur. A l'égard des contemporains, je n'aurai ni engouement ni hostilité ; je tâcherai de dégager le beau de toutes les œuvres où il m'apparaîtra : je signalerai, quel que soit le nom de l'artiste, les lacunes et les erreurs, heureux d'avoir à confirmer les renommées établies, à encourager les talents nouveaux. Je fermerai l'oreille aux bruits, même aux échos de ces querelles où on lutte d'injustice et d'acrimonie, et où la doctrine tient trop souvent, quoi qu'on dise, moins de place que l'amour-propre. Je sais que l'impartialité qui a la prétention de n'écouter que la raison et le sentiment intime, de discuter au lieu de déifier ou de proscrire, de s'élever même au-dessus des amitiés, suscite des mécontentements ; mais je sais aussi qu'elle rend des services, même à ceux qu'elle chagrine.

L'artiste ne comprend pas toujours cette impartialité ; il la repousse alors même qu'elle ne le blesse pas personnellement : c'est à nous de nous rendre compte de ses dispositions, et à les expliquer pour nous justifier de n'y pas céder. Il faut qu'un artiste soit exclusif ; son intolérance vient de son originalité ; s'il n'est pas lui-même, il n'est rien ; en face de la nature, il doit, après l'avoir profondément étudiée, la reproduire comme il la voit, la rendre comme il la sent; de son maître, il ne doit apprendre qu'à bien regarder et à raisonner ce qu'il a vu. S'il fait, non d'après son sentiment, mais selon les livres ou les tableaux, selon les pratiques ou les théories d'autrui, il est perdu : il grossira la liste éternelle des copistes et des médiocrités. Je connais un peintre, homme de beaucoup de mérite, qui a voulu étudier toutes les doctrines, se façonner à toutes les manières, débattre toutes les controverses, méditer sur tous les problèmes de son art ; en s'efforçant de concilier les contraires, en essayant de construire un ensemble avec les pensées disparates qui se croisaient dans son esprit, il était arrivé à une confusion inextricable, à une complète impuissance de rien débrouiller, de rien produire. Il a dû longtemps travailler à oublier, et il n'a pu reprendre son pinceau que lorsqu'il est parvenu à suivre son propre sentiment.

Celui qui écrit sur les arts n'a pas les mêmes devoirs que celui qui les pratique ; il n'a pas le droit d'être exclusif : familier avec les idées et avec les procédés de tout le monde, il faut qu'il sache faire à chaque école, comme à chaque artiste, sa part, et qu'il lui assigne sa place ; c'est son obligation et son honneur de comprendre un coloriste aussi bien qu'un dessinateur, et s'il veut louer ou blâmer une œuvre d'art, ce n'est qu'à charge d'entrer d'abord dans la pensée de celui qui l'a conçue. L'artiste, pour produire, doit s'enfermer en lui-même : le critique, pour juger, doit s'identifier avec l'artiste.

J'arrive à l'exposition actuelle. Plusieurs innovations la distinguent. L'administration a introduit dans le règlement des modifications importantes. En qualifiant l'exposition d'annuelle, elle semble trancher une question controversée, et sa décision me paraît bonne ; mais elle y apporte un correctif qui prévient les abus et diminue les inconvénients. Les salons annuels pouvant provoquer à la précipitation, elle a voulu qu'aucun artiste ne pût envoyer plus de trois ouvrages : on n'aura plus d'intérêt à se hâter; quel que soit le nombre de ses œuvres produites dans l'année, l'artiste devra choisir; il sera porté, obligé même, à faire bien, plutôt qu'à faire beaucoup. On a demandé pourquoi trois, au lieu de quatre, de cinq? On élève la même objection chaque fois qu'il s'agit de limites; le chiffre a toujours quelque chose d'arbitraire; ce qui importe, c'est que la restriction ne soit pas excessive : le nombre de trois répond à cette condition. Plût au ciel que chaque exposant envoyât, je ne dis pas trois chefs-d'œuvre, mais trois bons ouvrages par année!

Le règlement nouveau modifie largement la composition du jury appelé à prononcer sur l'admission. Sous la restauration, le gouvernement choisissait à son gré les membres du jury; sous le règne de Louis-Philippe, ils étaient pris exclusivement dans l'Institut; en 1848, le gouvernement républicain supprima le jury, et fit l'essai de la liberté illimitée : ce fut assez d'une fois; on passa, depuis, au système de l'élection par les artistes eux-mêmes; le suffrage universel, en matière d'art, a laissé plus de mécomptes qu'il n'avait excité d'espérances. On en est venu maintenant à une combinaison mixte : le jury est composé, moitié de membres élus, moitié de membres nommés par l'administration. Il y a là des garanties pour les artistes, un remède contre les cabales, une action pour le pouvoir qui ouvre les expositions et donne les récompenses. On n'est plus électeur, comme cela s'est vu, par cela seul qu'on apporte une toile ou un plâtre d'une signature peut-être suspecte; on n'est admis à élire qu'autant qu'on a eu des ouvrages reçus à des expositions antérieures ; c'est la porte fermée aux intrus déguisés sous le nom usurpé de peintres ou de sculpteurs. Les choix faits par M. le directeur général, parmi des amateurs éclairés, des membres de l'Institut et des personnes attachées aux musées, ont été de nature à satisfaire les exigences les plus difficiles.

Enfin, une dernière innovation, contestée dans son principe, douteuse dans ses résultats, c'est l'emploi du produit de la vente des livrets et de la recette des jours réservés où l'entrée au salon ne sera pas gratuite, à l'acquisition d'un certain nombre d'ouvrages exposés. A cette pensée, d'ailleurs toute bienveillante, les uns applaudissent comme à une éventualité heureuse pour le travail ; les autres s'en offensent comme de la substitution d'un secours privé à la munificence nationale. L'expérience prononcera.

Avant l'ouverture du salon, il n'était bruit que de l'excessive sévérité, de la rigueur exceptionnelle du jury ; on comptait ses victimes par centaines, presque par milliers. Ces plaintes sont le prélude de toutes les expositions ; cette fois, elles ont été plus vives que de coutume ; sont-elles plus fondées ? Il faudrait, une bonne fois, s'entendre sur la mission du jury : cela ne se peut qu'en fixant résolûment, et en principe, le but et le caractère des expositions. C'est parce qu'on n'a pas osé ou pas voulu s'expliquer catégoriquement sur ce point, que les jurés se sont toujours trouvés exposés à des accusations injustes et à des reproches en apparence mérités.

Une exposition a-t-elle pour objet de mettre le public en rapport avec les produits qui peuvent lui plaire, et déterminer des préférences d'acquisition ou de commande ? Alors aucun jury ne doit s'interposer entre l'artiste et le public ;

celui-ci reste seul juge, et des jurés ne sauraient intervenir que comme officiers de police pour arrêter les productions inconvenantes ; cette barrière est la seule légitime ; tant pis pour ceux qui livrent de mauvaises marchandises ; elles ne trouveront pas d'acheteurs. Une exposition est-elle destinée à montrer à la capitale, à l'Europe, des ouvrages qui constatent d'une manière honorable l'état et les tendances de l'art français, à appeler l'attention sur des travaux dignes de la fixer, à encourager des efforts consciencieux ? Oh ! alors tout ne peut être indistinctement reçu : il n'y a plus une question de commerce, mais une question de talent ; il ne s'agit pas de producteurs qui veulent faire parler d'eux et vendre, mais d'ouvrages sérieusement conçus dans des vues d'art et de progrès.

Ces deux espèces d'exposition sont utiles, sont nécessaires, mais dans des conditions différentes : la première est une affaire d'intérêt particulier, l'autre une solennité d'intérêt public. Vous apercevez aussitôt les conséquences de cette distinction ; c'est aux artistes de faire leurs affaires eux-mêmes, à l'Etat de faire celles de l'art. Le Gouvernement, dans l'accomplissement de sa haute mission, a le droit et le devoir d'être sévère ; mais, par une corrélation, par une compensation de justice et d'humanité, toute facilité doit être accordée pour l'établissement d'expositions permanentes ou souvent renouvelées, ailleurs que dans les palais nationaux. En faisant ainsi les parts, je voudrais que l'on fixât le nombre des ouvrages qui pourraient être reçus par l'administration, et que ce nombre ne fût pas trop considérable. L'admission serait un honneur, une première récompense : elle ne devrait être attachée, de droit, ni à une médaille (ce qui n'existe plus depuis cette année), ni à une décoration, mais à la valeur des œuvres envoyées ; les membres de l'Institut seraient seuls exceptés : la considération due à ce corps le comporte et l'exige.

On s'est préoccupé longtemps de la question du local ; il a fallu bien des années et une révolution pour bannir les expositions des galeries du Louvre où elles n'auraient jamais dû pénétrer. Les Tuileries ne pouvaient convenir sous aucun rapport ; le Palais-Royal ne vaut pas mieux. Un décret récent a marqué la véritable place des solennités d'art, dans le Louvre achevé, près des anciens chefs-d'œuvre, approchés alors, mais non plus menacés, ni compromis ; en attendant, les Champs-Elysées offriront un asile aux expositions de toute nature ; quant à présent, l'hospitalité provisoire du Palais-Royal est aussi bonne qu'elle pouvait l'être, grâce aux dispositions habiles de M. le directeur général des musées et aux soins de M. Chennevière, particulièrement chargé de tout ce qui concerne le salon. De nouvelles galeries ont été construites, et elles fournissent un jour favorable à un grand nombre de tableaux et de dessins ; d'autres peintures et dessins, de tout genre, ont été logés, le moins mal qu'il a été possible, dans des salles de toute dimension, très-inégalement éclairées ; la construction provisoire élevée l'année dernière présente les mêmes avantages qu'on a déjà signalés. Des banquettes ont été placées au milieu de la principale salle du rez-de-chaussée, et permettent de se reposer devant les grandes toiles qui la garnissent. De nombreuses portières faites avec d'anciennes tapisseries forment des draperies d'un grand goût et d'un très-bon effet pour la peinture ; en un mot, on a tiré un parti convenable d'un local qu'il était impossible d'approprier complétement à la destination transitoire qu'il reçoit accidentellement et faute de mieux.

Une très-heureuse innovation consiste dans le rapprochement des œuvres du même artiste ; on peut ainsi le comparer à lui-même. Il est à regretter que les convenances locales n'aient pas toujours permis de suivre cette règle : j'ai remarqué de nombreuses exceptions. Pour la première fois aussi on a réuni certaines catégories de sujets, telles que les fleurs et les fruits ; il en résulte une monotonie fatigante pour l'œil et pour l'esprit. On fera bien de renoncer à cet arrangement, au lieu de l'étendre, comme quelques personnes l'ont demandé, aux peintres de portraits : rien ne serait plus ennuyeux qu'un magasin de portraits rangés les uns au-dessus des autres.

L'administration ayant, depuis deux ans, l'attention délicate d'avertir à l'avance les artistes dont les œuvres n'ont pas été admises ; les portes du salon ne sont plus, le premier jour, livrées à l'assaut des impatiences violentes et des curiosités inquiètes. Jeudi 1er avril, il y a eu foule toute la journée au Palais-Royal, mais foule calme et décente. On s'est assuré d'abord de l'absence de toute production de MM. Ingres, Delaroche, Decamps et quelques autres. S'abstenir volontairement, c'est toujours un tort, quant à ceux du moins qui travaillent encore ; il n'y a pas de cénacle admirateur, pas de cercle d'amis louangeurs, pas de salon ou de palais qui puisse valoir le grand jour du public : on ne le déserte pas impunément, et quand on a encore la vigueur du talent, on manque à l'art et à soi-même si on se condamne à n'être plus qu'un souvenir ou l'idole de quelque coterie. Des noms déjà connus nous consolent des noms absents, et plusieurs jeunes gens donnent plus que des espérances. Des causes involontaires ont éloigné, cette année, du salon, des peintres et des sculpteurs qu'on aime à y rencontrer, MM. Delacroix, Robert Fleury, Dauzats, Diaz, Isabey, Mlle Rosa Bonheur, Desbœuf, Jouffroy, qui a dû renoncer, faute de temps, à exposer une charmante Ariane, presque terminée.

Après un examen de l'ensemble du salon, si on cherche à se rendre compte de son caractère général, des tendances qu'il accuse, de sa valeur morale, des progrès qu'il annonce, on se trouve, il faut l'avouer, peu satisfait. Il s'y rencontre, certes, de bons tableaux et de bonnes statues; mais je n'y vois guère le rayonnement du besoin intérieur d'épancher un sentiment profond, je n'aperçois pas le mouvement des hautes aspirations; le pinceau ne fait pas effort pour exprimer de grandes idées : ni le patriotisme ne l'exalte, ni la religion ne l'épure. L'art ne lutte plus contre d'anciennes routines : il en subit quelques-unes avec résignation, et même il s'en prépare de nouvelles ; le métier cherche l'effet avant tout, et il le demande souvent aux procédés mécaniques, triste symptôme de matérialisme, déplorable subordination de la pensée à la main. Je reviendrai plus d'une fois sur ces considérations.

A des réflexions un peu moroses devrait peut-être succéder, pour les adoucir, l'indication des ouvrages les plus remarquables du salon ; mais une pareille liste, au début de l'exposition, serait incomplète, et une omission courrait risque de passer pour une injustice. Je garderais plutôt pour un résumé ce que je crains de mettre dans un préambule.

Après avoir parlé des devoirs de la critique, qu'il me soit permis de dire un mot de ses espérances. Elle se fait illusion si elle croit exercer une grande influence sur les artistes : elle corrige l'art comme la comédie les mœurs, c'est-à-dire qu'elle ne corrige presque rien. Il y a, trop souvent, des vanités incurables, qui se révoltent contre le conseil et

1.

qui s'irritent même de la louange quand elle n'est pas une hyperbole; il y a des partis pris d'école, des doctrines superbes qui n'admettent aucune discussion : certaines défaillances proviennent des défauts d'une organisation incomplète ; c'est bien pis encore quand l'artiste, sans conscience et sans foi, adopte une manière parce qu'elle réussit, et à toutes les observations oppose le fait du succès. Bien étroit reste le cercle de ceux qui acceptent les avis, les cherchent, y réfléchissent et en profitent. La critique doit écrire pour ce petit nombre ; quant aux autres, elle ne les atteint qu'à travers le public. Les expositions fréquentes ont cet avantage d'accoutumer les yeux au spectacle des œuvres d'art ; c'est à nous de faire comprendre à la foule le sens et la valeur de ce qu'elle regarde ; en motivant nos jugements, nous arriverons à rectifier ceux du public, et si le goût du public se forme, celui des artistes devra s'épurer ; quand le bon aura la vogue, pour réussir il faudra bien faire : l'déal des triomphes de la critique, ce serait de mettre le beau à la mode ; à défaut de conviction l'intérêt pousserait les artistes dans les bonnes voies. Eclairer le public en l'habituant à raisonner ce qu'il voit, telle me paraît être notre première mission.

Elle est difficile à remplir dans un temps de production abondante et prompte. On ne s'attend pas à trouver dans nos articles une opinion sur chacune des 1,700 œuvres d'art envoyées au salon. Ce chiffre, inférieur à celui des années précédentes, et que l'avenir, il faut l'espérer, diminuera encore, n'impose pas d'autre devoir que de signaler les ouvrages importants par le nom de leur auteur, par de grandes qualités, et ceux qui attestent d'honorables efforts ou indiquent des tendances dangereuses.

BATAILLES. — *MM. Horace Vernet, Debon, Laugée, Sorieul, Bellangé, Andrieux, Devilly.*

La toile qui, par sa dimension, attire le plus vite les regards, c'est la *Prise de Rome*, par M. Horace Vernet ; son
immensité n'est pas son seul mérite, il s'en faut de beaucoup. Elle ne rencontre, d'ailleurs, pas de dangereuse con-
currence ; les tableaux de batailles sont peu nombreux : l'esprit public n'est pas à la guerre ; on ne plairait pas aujour-
d'hui par des sujets belliqueux ; les faits d'armes devien-
nent rares, et toutes nos gloires militaires ont été déjà célébrées par la peinture ; Versailles les rappelle toutes, depuis Tolbiac jusqu'aux combats de notre jeune armée d'A-
frique. L'art a épuisé les modes de représentation comme les
faits eux-mêmes. Il ne serait ni aisé ni prudent d'assigner
un rang ou de motiver une préférence parmi les différentes
manières de peindre les batailles. Certains maîtres affection-
nent le mouvement et l'ardeur du combat ; c'est le sentiment de Léonard de Vinci : son traité de la peinture (cha-
pitre 67) contient de curieux détails qui se résument en ces
mots : « Il ne faut rien voir, dans tout le champ de bataille, qui ne soit rempli de sang et d'un horrible carnage. »
D'autres caractérisent une bataille par quelque épisode, ou
concentrent toute l'action d'une armée dans la figure domi-
nante du chef, comme on a fait souvent pour Louis XIV ;
d'autres, préférant le rôle d'historiens ou de topographes à
celui d'artistes, peignent les batailles ou les siéges à vol
d'oiseau ; leurs tableaux ne sont pas toujours indignes d'un
musée, mais ils appartiennent plutôt au dépôt de la guerre.

et servent surtout aux études des officiers d'état-major :
M. Jung vient d'écrire une bonne page de ce genre, représentant une vue générale de la ville de Rome et des travaux
de siége exécutés par l'armée française la veille de la reddition de la place.

M. Horace Vernet a peint les batailles de toutes les manières, depuis les mêlées les plus violentes jusqu'aux grandes
lignes de la stratégie moderne. Dans les dernières années, soit
par un choix spontané, soit pour se conformer à des convenances locales, il a donné à ses toiles des proportions
énormes. Il s'est trouvé là plus à l'aise pour multiplier les
incidents, pour faire mouvoir des milliers de figures avec
la prodigieuse facilité de conception et d'exécution qui forment son apanage. Mais tout n'est pas bénéfice dans la liberté d'allures que donnent ces immenses espaces; la limite
y devient difficile à tracer entre le tableau et le panorama :
l'extrème variété fait rompre l'unité, et sans unité il n'y a
point d'œuvre d'art. La *Prise de la Smala* avait déjà fait naître
ces réflexions; on en avait dit autant devant les dessins de
je ne sais quelle victoire faite par M. Vernet pour l'empereur de Russie. L'impression est, je le crains, la même au
Palais-Royal. M. Vernet, chargé de représenter la prise d'un
bastion qui a déterminé la reddition de Rome, par l'armée
française en 1849, a dressé, d'après un ordre du jour et un
rapport officiels du général en chef, un long inventaire de
tout ce qu'il avait à mettre dans son compte rendu ; il y a
tout mis, tout à sa place, à son moment; mais il y a mis
tant et tant de choses qu'il faut renoncer à saisir un ensemble.
Prenez un à un tous les groupes, tous les objets, tous les
incidents, vous serez charmé de la vérité du rendu, de l'extrème habileté de l'imitation, du caractère des figures, de la

variété infinie et de l'exactitude des poses, de ce *chic* militaire que personne ne possède à un plus haut degré que M. Vernet; tout est animé, tout se meut bien dans chacune des scènes qui se succèdent. L'action est à peine éclairée par les premières lueurs du jour, ce qui jette sur tout le tableau une lumière générale assez étrange; les peintres critiquent cet effet : je ne discuterai pas avec eux. Tandis qu'ils parlent ton et couleur, je cherche la ville assiégée : où donc est Rome? Voilà bien une campagne qui peut rappeler la campagne romaine; mais la ville éternelle que l'armée française va prendre? Mais le Capitole, le fort Saint-Ange, la coupole de Saint-Pierre? Quand Vandermeulen peint la prise d'une ville de Flandre ou de Franche-Comté, il la fait aussitôt reconnaître à ne pas s'y tromper. Rome, après tout, vaut bien qu'on la montre, au lieu de la faire deviner par l'indication lointaine de la petite pyramide de Caïus Sextius. Et puis quand on rappelle un fait d'armes comme la prise d'un bastion, pourquoi choisir l'instant où l'effort des grandes résistances a cessé? On m'assure que, dans l'origine, M. Vernet avait conçu autrement la disposition de son tableau, et que le spectateur ne tournait pas le dos à la ville; pourquoi avoir changé?

Non loin de la grande page où M. Vernet a déployé les qualités ordinaires de son talent, M. Debon a représenté, dans de petites proportions, la bataille de Grenade, qui mit fin à la domination des Maures en Espagne. Beaucoup de figures réunies et serrées ne font pas une mêlée, et la pose de gens qui ont l'air de vouloir se battre ne donne pas l'idée d'un vrai combat; c'est le mouvement qui manque à M. Debon, et ce défaut est rendu plus sensible par la lourdeur du dessin de ses figures : la plupart de ses guerriers musulmans ou chrétiens sont courts et trapus. Si ces torts pouvaient être rachetés, ils le seraient par de belles qualités de couleur et d'agencement.

M. Laugée n'est pas froid; il pèche plutôt par un excès de chaleur, par une espèce de fougue de jeunesse que n'accompagne pas encore l'expérience. Il a fait abus des attitudes violentes concentrées dans un petit espace; ses raccourcis sont cherchés, mais pas toujours réussis; ses personnages se présentent superposés les uns aux autres d'une manière pénible. Quelques parties d'un dessin ferme et un bon coloris général excusent à peine la faiblesse de la composition. Il semble que M. Laugée ait voulu s'accuser lui-même par le rapprochement de sa notice et de son tableau; il raconte le siége héroïque de Saint-Quentin, où une poignée de braves, commandés par Coligny, ont arrêté une armée portée jusqu'à cent mille combattants, et il peint une sortie de quelques assiégés repoussant une attaque de quelques assaillants. Quelle disproportion entre le but et le résultat!

Nos tristes guerres civiles de 1793 ont fourni à M. Sorieul un sujet intéressant qu'il a bien conçu et bien rendu. Les troupes républicaines viennent de s'emparer du Mans, après un combat acharné contre les Vendéens: on échange les derniers coups de feu; mais Marceau et ses soldats, aussi généreux que braves, se souviennent que c'est contre des citoyens qu'ils se battaient il y a quelques instants; la fumée de la poudre n'est pas encore dissipée, et déjà ils ne songent plus qu'à protéger les vaincus contre la fureur des partis politiques: ici, c'est Marceau rassurant Mlle des Melliers qui se précipite à ses pieds; là, c'est le lieutenant-colonel Vidal qui sauve M. d'Autichamp en lui donnant son uniforme; ailleurs un soldat repousse une femme furieuse qui se préci-

pite, un poignard à la main, sur des Vendéens blessés et
sans défense. Cela console de voir la magnanimité militaire
jeter sa noble intervention dans les discordes civiles. M. Sorieul a été bien inspiré en rappelant ce beau souvenir. Peut-
être, dans son honorable préoccupation, a-t-il trop cherché
à donner une signification sentimentale à chacun de ses
groupes ; il a mis de l'intérêt partout au lieu de le fixer
principalement sur un point. Du reste, par une disposition
savante, qu'il faudrait beaucoup louer, si elle n'était un
peu régulière dans une scène de désordre, il a, tout en gar-
nissant les premiers plans de figures nombreuses, fait con-
verger le regard et porté la plus vive lumière sur le groupe
principal, celui du jeune général et de la jeune fille qui
l'implore à genoux. Les figures et leurs attitudes sont étudiées avec soin, ainsi que les accessoires. La touche laisse
à désirer de la fermeté, l'air de la transparence ; l'aspect
général pèche par un excès de tons gris ; on ne trouve nulle
part de forts contrastes d'ombres et de lumières et les
maisons de la place sont peintes un peu lourdement. Tel
qu'il est, toutefois, le tableau de M. Sorieul atteste un travail consciencieux, un talent qui promet et une habileté
déjà acquise.

M. Bellangé est resté fidèle aux gloires impériales que son
pinceau a si souvent célébrées. Le salon de cette année lui
doit un passage du Guadarrama, dont le paysage a de la
grandeur, et où la marche des troupes est d'une parfaite
vérité ; ces pelotons de chasseurs de la garde impériale, con-
duisant leurs chevaux par la bride, et conservant leurs
rangs malgré la tourmente ; cette longue colonne descendant
la montagne en bon ordre, et Napoléon se détachant au
centre, tout cela intéresse ; mais pourquoi ne voit-on plus

la neige tomber? pourquoi l'air est-il si pur sur les premiers plans? pourquoi ces uniformes sont-ils si propres? Je ne dis rien de l'épisode de la retraite de Russie; en présence de ces tristes images, l'art ne soulage le cœur que par des œuvres éminentes. J'aime mieux louer l'effet saisissant du passage du Danube, pendant cette nuit mémorable où Napoléon préludait, par des opérations merveilleuses de génie et de prévision, à la victoire de Wagram.

M. Andrieux a exposé une bataille de Waterloo réduite à l'importance d'une escarmouche; sur une scène sans intérêt, l'artiste a eu, de plus, le tort de poser un ciel d'une affreuse pesanteur. M. Charpentier (Eugène-Louis) a mieux réussi, bien qu'on ait à lui reprocher un faire trop lisse et trop fini, une scène de la défense de Paris par les élèves de l'école polytechnique, le 30 mars 1814.

L'armée d'Afrique a sa part dans l'exposition. M. Devilly a peint la bataille de Ras-Satah, c'est-à-dire le moment où le général Randon part pour la livrer sur la crête des rochers, après avoir fait arrêter les chefs arabes qui avaient essayé de le tromper dans sa marche. Les figures de ce petit tableau ont de la tournure, mais elles manquent d'espace, et l'ensemble aurait besoin de plus d'énergie, d'animation et de couleur.

ALLÉGORIES. — *MM. Debon, Lépaulle, Abel de Pujol, Lehmann, Hamon, Omer Charlet.*

Si le salon de 1852 contient peu de tableaux de bataille, ce que je ne regrette guère, il offre plusieurs sujets allégoriques, et je le déplore. Je ne connais rien de plus faux et de plus froid en peinture que l'allégorie. Vous voulez parler, par les yeux, au cœur et à l'esprit, et vous commencez par me proposer des énigmes. Cette figure que vous peignez, ce n'est pas une figure, c'est un symbole, et il faut, pour comprendre votre pensée, que d'abord je comprenne le symbole que vous avez inventé! Vous n'échappez à l'impossibilité d'être intelligible que par la nécessité de recourir au lieu commun, mythologique ou religieux. Dans les temps où l'art est naïf et simple, on ne connaît pas ce pauvre artifice; on choisit l'action ou le personnage qui, dans l'histoire ou dans la fable, résume le mieux une idée ou une passion. Au 16e siècle, on peint et on sculpte des figures allégoriques isolées qui représentent un attribut, une vertu, l'Abondance, la Justice, la Victoire; le 17e siècle étend ce cercle pour varier les formes de l'adulation prodiguée au grand roi; le goût raffiné du 18e siècle, sa sensiblerie prétentieuse, ses mignardises de cour, et la métaphysique de ses salons précipitent l'art dans toutes les recherches et les faussetés de l'allégorie. La réforme de David n'a pas détruit le mal; on trouve, dans le compte rendu du salon de 1810, par M. Guizot, une excellente critique d'un tableau de M. Meynier, qui représentait *la Sagesse préservant l'adolescence des traits de l'amour*; l'œuvre y est appréciée avec sévérité, mais avec justice; quant au genre, M. Guizot le repousse par quelques mots bien sentis : « Ce n'est, dit-il, qu'en empiétant sur les droits de la poésie que la peinture se permet l'allégorie, et cet empiétement est presque toujours malheureux. Pour comprendre un tableau, nous avons besoin, le plus souvent, qu'on nous en indique le sujet; que sera-ce si le sujet lui-même a besoin d'être expliqué? C'est le cas de l'allégorie : le poëte, qui a du temps pour la développer, nous la fait concevoir sans peine : il réussit parfois à nous y intéresser en nous en faisant suivre toutes les gradations; le peintre ne peut que nous la montrer, et cela ne suffit pas. » On sait que Prudhon n'a pas toujours suivi cette poétique du bon sens, témoins le Crime amené devant la Justice, l'Innocence entraînée par l'Amour, que le Plaisir précède et que le Remords suit. Les grandes qualités de ce maître rachètent l'erreur de son esprit. Je voudrais pouvoir en dire autant des peintres auxquels le salon doit des sujets allégoriques; mais, hélas !

M. Lépaulle a répété, sous le titre d'*Indécision*, et à l'aide de trois figures vulgaires, le combat de l'homme entre le vice et la vertu; M. Abel de Pujol me paraît s'être doublement trompé dans sa *Fin du monde*, figurée par un amour mort aux pieds du Temps. M. Debon déclare, dans le livret, qu'il a voulu représenter la Science et la Philosophie montrant la Religion comme la seule vérité; l'auriez-vous deviné ? Entre deux fortes colonnes siége une femme coiffée d'une tiare de pape, et vêtue d'une robe blanche; au-dessus d'elle vole un essaim d'anges formant une sorte d'ogive; au-dessous, deux hommes à barbe grise, assis sur des tronçons de colonnes, ayant près d'eux des livres fermés, et tournant le dos à la Religion, font au public des gestes dont l'un ressemble à un salut, l'autre à une demande d'aumône; sur le premier plan, deux petits anges, debout, déroulent une légende où on lit : *Amate vos invicem*. Ne cherchez là ni la traduction de la pensée, ni la beauté des types, ni la vérité des expressions. Contentez-vous d'un coloris ferme et brillant, d'une lumineuse auréole d'anges bien groupés. Si vous voulez plus, priez l'artiste de recommencer et de faire autrement.

M. Omer Charlet n'est pas beaucoup plus clair; il a lu dans Horace deux petits vers latins rendus par ce grand vers français :

Qu'il est rapide, hélas ! le cours de nos années.

Or ces années qui s'envolent si vite, ce sont des personnages tranquillement et solidement assis, vieux et jeunes, filles et garçons, passant chacun son temps comme il l'aime le mieux, qui à faire l'amour, qui à chanter ou à méditer, à lire ou à écrire, un savant à étudier, un enfant à lancer des bulles de savon ; il est vrai que, sur le devant du tableau, il y a des fleurs et des feuilles qui flottent emportées par le cours d'un ruisseau ; c'est peut-être là le mot de l'énigme, renouvelée de la grande page qui a fondé la réputation de Papety, de regrettable mémoire. La peinture de M. Omer Charlet a de l'éclat, trop d'éclat, et des prétentions vénitiennes qui, en fatiguant l'œil, empêchent de goûter la bonne exécution de quelques figures.

M. Lehmann définit ainsi son rêve : « Les heures du crépuscule portent sur la terre le sommeil, suivi de rêves d'amour heureux, d'amour abandonné. » Pour nous qui sommes bien éveillés, nous ne pouvons voir sur sa toile qu'un agréable assemblage de figurines disposées avec grâce, et dessinées avec plus de sentiment que de correction.

L'excentricité de l'œuvre attire beaucoup de curieux devant la chose que M. Hamon a brièvement appelée *la Comédie humaine*. Il est possible qu'en commençant son tableau, M. Hamon ait eu ou cru avoir une pensée ; le pinceau à la main, d'autres fantaisies auront traversé son imagination ; il les aura écoutées, et, de caprices en caprices, il en est venu à cette inintelligible et peu divertissante plaisanterie dont il aurait pu amuser les loisirs de son atelier, mais dont il ne devait pas occuper le public. Au milieu, un théâtre de marionnettes antiques, d'une architecture délicieuse, portant follement le nom de *Guignole*, et où l'on voit l'Amour pendu et Minerve assommant Bacchus ; la scène se passe aux

Champs-Elysées de Paris, dont les jolies bouquetières offrent, à droite, des fleurs à des ombres des champs Elysées
mythologiques, parmi lesquelles on remarque Virgile, le
Dante, La Fontaine, Montaigne ; à gauche, une triviale
vieille femme reçoit dans sa sébile une pièce d'or d'Alexan-
dre, suivi de César et d'une longue file de guerriers ; du
même côté se tiennent Diogène, appuyé sur son tonneau et
tournant sa lanterne vers le théâtre ; puis Anacréon et deux
autres personnages antiques d'un style charmant ; au centre,
assis au pied de la baraque des marionnettes, Socrate fort
attentif au spectacle, et une ligne de gentils marmots dans
toutes les poses et tous les costumes. L'exécution est au
niveau du dévergondage de la conception : à côté de figures d'une élégance ravissante, des têtes et des corps ignob-
bles ; près de tons d'une suavité exquise, des rouges et
des bleus criards, et sur l'ensemble une sorte de nuage qui
cache les yeux de tous les personnages, et donne au tout un
aspect d'un gris ennuyeux. Il n'y a rien à dire de la forme
allongée de la composition ; c'est une frise qui doit, dit-on,
faire partie d'un ouvrage de la manufacture nationale de
Sèvres. Assurément, M. Hamon a du talent ; il possède surtout le sentiment très-délicat du goût antique ; mais que
d'inégalités, que de lacunes ! que d'obscurités ! que d'incer-
titudes dans l'idée et dans la main ! défauts que l'on retrouve sur un joli dessin fait par M. Hamon pour une pen-
dule.

J'ai vu des hommes sérieux se fâcher de cette folie de
la Comédie humaine; il faut plus d'indulgence, à condition
que l'artiste ne se mettra plus dans le cas d'en avoir autant
besoin, et qu'il montrera son talent sous un costume plus
raisonnable : il le doit, car il le peut.

SUJETS BIBLIQUES ET CHRÉTIENS. *MM. Lazerges, Gosse, Charles Lefèvre, Cabanel, Alfred Arago, Toulmouche, Jeanron, Cibot, Timbal, Lugardon, Hesse, Isambert, Desgoffes, Moreau, Brémond, Besson, Sewrin, Chassériau, Caminade, Henri Scheffer, Landelle, Jalabert, Gigoux, Lecurieux, Jacquand, Bezard, Helbert, Sthoffer, Duval Lecamus fils, Bouterweck, Crauck, Richaud, Grevedon, Mmes de Guizard et Caroline Thévenin.*

On a dit souvent, on répète encore, pour expliquer la décadence, trop certaine, de la peinture religieuse en France, que nos artistes ne savent plus peindre les sujets sacrés parce qu'ils n'ont plus la foi, qu'ils échouent dans les tableaux de sainteté parce qu'ils ne sont plus chrétiens. Cette banalité a cours même parmi des gens instruits, et, comme on dit aujourd'hui, elle est fort bien portée : elle n'a pas moins contre elle le bon sens et l'histoire. Pour représenter, ainsi qu'elles doivent l'être, les scènes de l'Ancien et du Nouveau-Testament, il faut, dites-vous, croire à la Bible et à l'Evangile ! Soit ; mais alors, pour reproduire avec supériorité les scènes du paganisme et de la mythologie, il faut donc aussi être païen ! Les maîtres qui ont excellé dans les deux ordres de peinture, avaient donc à la fois les deux croyances ! A ce compte, vous allez trouver d'étranges exemples : je n'en veux citer que parmi les plus grands génies de l'art chrétien : Raphaël, le Poussin, Lesueur. Assurément le peintre des vierges et des saintes familles porte profondément l'empreinte du sentiment chrétien dans sa plus touchante, sa plus pure expression. Raphaël est-il moins admirable quand il dessine ou qu'il peint les trois Grâces, Galatée, l'histoire de Psyché, les camées du Vatican, le Triomphe de l'Amour et celui de Bacchus, Vénus et l'Amour, les attributs des divinités, etc.? La religion chrétienne a-t-elle eu jamais dans l'art un plus noble, un plus digne interprète que l'auteur des Sacrements et du Ravissement de saint Paul? Pourtant qu'y a-t-il de plus réellement, de plus voluptueusement antique que les Bacchanales, le Jupiter nourri par les nymphes, le Jupiter et Calisto, la Vénus et Adonis, l'Education de Bacchus, etc., du Poussin? Et Lesueur, le peintre mystique de saint Bruno, avec quelle séduction il a reproduit la naissance et l'enfance de l'Amour, Diane et Actéon, le sacrifice à Jupiter! etc.

Oui, sans doute, l'artiste doit avoir la foi, mais la foi dans son art; son cœur et son esprit doivent être ouverts à tout ce qui est grand, simple et vrai; il faut qu'il ait médité à fond sur les conditions du beau, partout où il se trouve, et qu'il étudie toujours les meilleurs moyens de le réaliser. S'il ne sent pas, ne sait pas, ne travaille pas exclusivement dans ce but et dans ce sens! s'il se laisse aller aux aveuglements de l'amour-propre, aux calculs de l'intérêt, aux caprices de la mode, aux enivrements du succès, il n'a pas la foi : il pourra devenir un homme habile, mais jamais un artiste complet. Qu'on ne s'y trompe pas : le défaut de sentiment, de raisonnement, d'étude, qui empêche un peintre de faire un bon tableau religieux, ne l'empêchera pas moins de faire un bon tableau historique ou de tout autre genre. L'art, dans sa plénitude, embrasse tout, applique à tout ses miracles, mais à la condition qu'il soit vraiment l'art, c'est-à-dire un dévouement et non un jeu, une conviction et non un métier.

Si la peinture religieuse est aujourd'hui en déclin, c'est qu'elle exige des qualités sévères dont la réunion devient rare; c'est aussi parce qu'elle trouve un placement difficile et moins d'encouragements : elle n'habite, le plus souvent, que les églises ou les couvents : or les églises et les couvents ne sont pas riches, et trop souvent on s'y contente de copies médiocres ou même de mauvais tableaux : on y aime l'art au rabais. Le Gouvernement fait des commandes, mais le nombre en est limité. Quant aux gens du monde, il leur faut des peintures à la Louis XV : c'est joli, et c'est moral!...

La Bible a des trésors d'éternelle poésie; l'art les exploite sans cesse et ne les épuise jamais. Les peintres de cette année se sont bien approchés de la source sacrée; mais, loin de s'y plonger, ils y ont à peine trempé le bout de leurs doigts. M. Lazerges a montré un Adam et une Eve assez agréables, vêtus comme avant le péché, et ne cherchant à rien cacher ; ils paraissent plus étonnés que ravis du bonheur dont ils jouissent dans leur petit paradis terrestre; les deux figures, un peu lourdes de complexion, sont étudiées avec soin et ne manquent pas de charme; on aimerait plus de légèreté dans la chevelure blonde d'Eve, quelque chose de plus poétisé dans la première félicité de nos premiers parents.

M. Gosse n'a pas voulu laisser Adam et Eve tout seuls dans l'Eden ; il les a entourés de toutes sortes d'animaux et d'arbres ; mais il n'a fait de ces deux personnages que le point de départ d'un résumé mystique de l'histoire et des destinées du monde; le premier plan développe les conséquences de la faute originelle, l'invasion des sept péchés capitaux, le deuil, la douleur, les larmes, puis enfin la rédemption annoncée, et, au fond, un chœur d'anges au milieu de la lumière céleste. Comme suite naturelle, M. Gosse a peint une *Nativité*, où il s'est plu à faire figurer non-seulement les trois rois, mais des nations entières rendant hommage à l'Enfant-Dieu. Dans ces deux toiles, il y a quelque chose de la manière de Martins, l'immensité de l'espace exprimée par le nombre et la petite dimension des figures. Je n'aime pas ce procédé; il me paraît manquer de dignité, de vraie grandeur; mais je m'empresse de reconnaître l'habileté d'exécution que l'artiste a su apporter dans la représentation de plusieurs figures et de la plupart des objets de nature morte.

M. Charles Lefèvre a demandé ses effets aux proportions colossales de son *Satan foudroyé*. Alors même qu'il ne serait pas allé aussi loin qu'il s'était proposé, il faudrait lui savoir gré d'avoir mis le pied dans la sphère élevée de l'art, celle où l'on n'apporte que des vues désintéressées. L'ange rebelle frappé par Dieu, et lançant, avant de tomber à tout jamais dans l'abîme, un dernier regard de colère et d'orgueil, là est la pensée morale; M. Lefèvre l'a trop peu indiquée : son Satan paraît moins occupé de maudire l'Éternel que d'entraîner ses compagnons avec lui; il en tire un par les cheveux; les autres se poussent et se retiennent comme ils peuvent; ils se pelotonnent de leur mieux, et ne laissent guère voir que la peur du gouffre où ils sont précipités; il est vrai qu'on serait effrayé à moins. La donnée ainsi comprise, et les conditions de la peinture, si différentes de celles de la poésie, ne permettaient pas de l'entendre autrement, a le malheur de rappeler *le Jugement dernier* de Michel-Ange, et l'avantage en même temps que le danger de fournir l'occasion de peindre le corps humain dans toutes les positions ; il se pourrait que, dans cette bataille de **membres et de muscles, M.** Lefèvre eût aminci exorbitamment **quelques** torses, grossi outre mesure certaines cuisses, allongé à l'excès plusieurs jambes, imaginé des mouvements impossibles ; mais enfin il a tenté courageusement un effort vers le grand ; cela vaut mieux que de se laisser glisser vers le petit et le commun.

La même louable tendance se manifeste dans *la Mort de Moïse.* M. Cabanel aspire au style sévère et aux belles formes ; il y parviendra, surtout s'il se dégage d'une imitation presque servile, s'il renonce à emprunter ses figures à Raphaël, à Michel-Ange et à d'autres maîtres : il dessine largement et arrange avec goût ; sa couleur est conventionnelle plutôt que vraie, et on ne sait pourquoi, dans un sujet aussi grave, il a fait prédominer des tons violacés et rosés, et flotter des draperies coquettement disposées. M. Cabanel, comme la plupart des jeunes artistes d'aujourd'hui, se préoccupe beaucoup plus des lignes et du coloris que de la pensée ; il prend le moyen pour le but, et il paraît oublier (défaut trop commun) qu'une œuvre d'art est, avant tout, une œuvre de raison. Vous voulez montrer Moïse mourant au désert : il y a cent manières de concevoir et de rendre ce moment solennel ; mais quelle que soit celle que vous préfériez, il faut que votre Moïse soit la figure principale, qu'elle fixe l'attention, et que le reste n'arrive que comme accessoire. Dans le tableau de M. Cabanel, Moïse, étendu à droite en forme de ligne oblique, est entouré, surmonté, je dirais presque garni de grands anges de toutes les couleurs ; et, du côté opposé, s'élève majestueusement un Père éternel d'une ampleur colossale, escorté d'anges qui le relient aux autres figures ; il écrase toute la scène et semble annuler le prophète :

2

il n'y a pas de combinaisons de lignes et de couleurs qui ef-
facent de pareilles fautes. Je ne saurais trop engager les jeunes
peintres à s'appliquer, avec une variante, le conseil de Boi-
leau :

Avant donc que de *peindre*, apprenez à penser.

M. Alfred Arago a donné à la figure d'Abraham, contem-
plant du haut d'un rocher l'incendie de Sodome et Gomorrhe,
un caractère simple et noble. La longueur des draperies,
d'ailleurs très-naturellement agencées, nuit à l'ampleur du
corps et en gêne les mouvements ; la lumière dorée du soleil
s'est changée, sous le pinceau de M. Arago, en une teinte
orange monotone et fausse. Ces erreurs pourront être évitées
à l'avenir, et le jeune artiste doit être encouragé à persévé-
rer dans la voie des bonnes études qui développeront les
qualités solides de son talent.

M. Toulmouche est beaucoup moins sérieux. Sa manière
a de la grâce, mais de la grâce mêlée d'afféterie ; il ne cherche pas le caractère ni la couleur locale ; sa Putiphar n'a
rien d'oriental, non plus que son Joseph. La passion de la
femme ne s'exprime que par le mouvement, d'ailleurs bien senti,
des jolis bras qui retiennent le manteau ; Joseph se sauve en se
bouchant les oreilles comme s'il ne voulait fuir qu'une femme
qui chante mal ou qui crie trop fort. Pour comprendre tout
ce qui manque à cette peinture léchée et mignarde , il faut
se rappeler la petite esquisse à peine indiquée , et pourtant
si complète et si énergique, de Prudhon.

M. Jeanron a donné une variante de plus au sujet de *Suzanne au bain*. Les deux vieillards y sont, mais l'eau n'y est
guère. Hommes, terrains , arbres, tout est exécuté dans un
parti pris de couleurs sombres, qui a pour but de concen-

trer toute la lumière sur le corps de la femme ; celle-ci n'y gagne pas beaucoup, car elle n'est ni jeune, ni très-belle. Elle se montre fort peu effrayée ; le mouvement de sa jambe droite a peut-être une intention pudique, mais il aurait pu être rendu d'une manière plus correcte. Nous retrouverons ailleurs, et avec plaisir, M. Jeanron.

M. Cibot a mis en présence Daniel et l'un des vieillards qui avaient accusé Suzanne ; il n'a pas assez réfléchi sur la disposition et l'expression des figures, il a trop négligé l'air et la couleur pour qu'il s'étonne si je préfère parler de lui à l'occasion des charmants paysages qu'il a exposés.

Les captifs de M. Timbal n'excitent pas d'émotion ; ils sont froids et prétentieux, ils posent. Quand on affecte le beau dessin, il faut dessiner juste ; il est bon aussi de ne pas ajouter aux recherches de la ligne celle des couleurs discordantes ; enfin, M. Timbal paraît avoir besoin qu'on lui rappelle que des figures juxtaposées ne font pas une composition.

Quoiqu'il peigne moins délicatement, je préfère de beaucoup M. Lugardon, malgré quelques sécheresses de contour et quelques pesanteurs de touche. Il a représenté Ruth glanant dans le champ moissonné : elle occupe le milieu du premier plan ; sa tête penchée est d'un beau caractère ; elle semble un peu lourde, parce que la pose fait paraître le corps trop court, trop ramassé ; la main qui prend les épis est très-heureusement rendue : les deux hommes qui regardent la jeune glaneuse sont bien à leur place et à leur effet. Le tout est d'un bon sentiment, d'une lumière chaude et vraie, qualité qui manque au *Dernier jour d'un condamné*, autre toile, d'ailleurs estimable, de M. Lugardon.

La vie et la mort du Christ ont très-diversement inspiré

nos artistes. M. Hesse a choisi le sermon sur la montagne : comme le sublime y résulte des idées exprimées par la parole, l'art peut difficilement animer cette scène : l'action étant absente, il y faut suppléer par la beauté des physionomies et le grandiose de ces populations pressées autour du maître pour recevoir la doctrine sainte. Au milieu d'un paysage austère, des milliers d'auditeurs accumulés d'une part, et de l'autre la belle et placide figure du Christ laissant tomber de sa bouche les plus admirables vérités qu'il ait été donné à l'homme d'entendre : voilà ce que j'aurais voulu. Ce n'est pas précisément ce qu'a fait M. Hesse. Il a placé Jésus sur un rocher d'où il domine ; près de lui quelques disciples, et la foule reléguée au loin à des distances où aucune voix ne saurait parvenir : c'est un groupe et rien de plus. Le geste et l'expression ne me paraissent pas répondre à la mansuétude, à l'élévation du discours. Le sermon a bien été prononcé au bord des chemins ; mais ces chemins n'avaient pas, certainement, une déclivité pénible, presque impossible pour les auditeurs assis ou debout. Je me hâte de dire aussi que je ne puis accoutumer mon œil au ton uniformément clair, sans contraste et sans ombre, que M. Hesse a cru devoir adopter, et je termine en rendant justice à des figures bien étudiées, à un soin consciencieux, qui attestent un artiste réfléchi.

Quelques peintres paraissent avoir voulu abjurer toute originalité : M. Isambert a tracé sur un fond d'or un Christ entouré de petits enfants gris et laids qu'il ne regarde pas, et il n'a fait ni du byzantin, ni du gothique, ni du moderne. M. Desgoffes, en peignant, à la cire et à l'huile, *Jésus qui guérit les aveugles de Jéricho*, a été préoccupé du style et du paysage de Poussin : l'imitation ne lui réussit pas assez bien pour qu'il ne lâche pas de prendre tout simplement pour modèle la nature. M. Moreau, dans sa *Pietà*, s'est trop souvenu de Titien, et ne l'a pas assez rappelé aux spectateurs ; un jour verdâtre, où se posent des tons bleus et des tons roux, ne signale pas un coloriste. La composition de M. Moreau est mal conçue : la Madeleine seule pense au Christ mort, dont elle serre le bras ; tous les autres personnages l'oublient et se portent avec violence vers la sainte Vierge qui s'évanouit comme une petite maîtresse : c'est un étrange pêle-mêle de figures confuses. Le dessin ne vaut guère mieux : la tête du Christ est d'une vulgarité repoussante, les jambes sont hors de proportion ; la vierge Marie, si elle se redressait, aurait une taille de géant, et l'homme qui la soutient a un bras et une jambe qui n'iraient pas au plus grossier portefaix. Je suis sévère, parce que la peinture de M. Moreau indique des prétentions dont il faut qu'il descende s'il ne veut pas se perdre.

M. Brémond me paraît avoir manqué une belle pensée, la sainte Vierge, seule, la nuit, au pied de la croix, avec le corps de son fils. Il a creusé un fossé; au fond, à gauche, il a assis le Christ, la tête appuyée sur le bord, et vue de bas en haut, de sorte qu'on ne découvre que le menton, le nez et un quart de joue ; la Vierge est assise sur l'autre bord, les jambes pendantes, dans une attitude gauche et sans dignité. Une lumière surnaturelle éclaire le Christ, sans se refléter sur aucun objet; malheureusement elle laisse voir des membres médiocrement dessinés.

M. Besson déclare, sous le numéro 103, *les anges au tombeau de la Madeleine*. C'est une grosse croix de bois très-basse; de chaque côté, deux gaînes de soie, l'une jaune d'or, l'autre amarante mordorée , d'où sortent des têtes

dont on ne voit pas les visages, des formes qui sont proba-
blement des jambes et des pieds, et de grandes ailes blanches déployées, parfaitement pareilles ; entre ces gaines
vides et très-plissées, il y a des taches lumineuses ; sur le
devant, un bocal dont on n'aperçoit pas le contenu. La critique ne devrait pas s'arrêter devant de pareilles choses, si
elles ne rencontraient pas des apologistes, et si elles ne ve-
naient pas d'un homme de talent. Que M. Besson fasse des
peintures grivoises, vives et décolletées, mais qu'il renonce
aux tableaux religieux : s'il veut absolument peindre la Madeleine, il la réussira peut-être en la prenant avant la pénitence.

Le sujet de Jésus chez Marthe et Marie est abordé deux fois.
M. Sewrin pose le Christ de profil sur un riche fauteuil surmonté d'un grand rideau, et exhaussé de deux marches
comme un trône (apparemment les maisons particulières
possédaient cette espèce de mobilier) ; une femme en blanc,
maigre et blonde comme une vignette anglaise, s'agenouille
sur une des marches, en pliant une jambe gauche excessive-
ment courte, tandis qu'une autre femme, debout et vue de
face, les cheveux ondés comme une Parisienne, fait signe, en
montrant une table dans la pièce voisine, que le dîner est
servi. M. Sewrin, on le croira sans peine, a fait mieux que
cela. M. Chasseriau a compris la chose autrement, mais ne
me paraît pas l'avoir mieux fait comprendre. Il assied le
Christ en dehors de la maison ; il le tourne de telle sorte
qu'il ne parle à personne, et il lui prête un geste insigni-
fiant et gauche ; une femme accroupie à quelque distance
l'écoute religieusement ; dans le fond, une autre femme, vêtue
d'une robe rouge et portant un vase sur l'épaule, achève de
descendre un escalier et arrive en prêtant l'oreille à ce qui se

dit. Cette mise en scène est simple, mais d'un goût plutôt arabe moderne que biblique ; les personnages ne sont pas reliés entre eux de manière à former une action. Je regrette de ne pouvoir louer les trois figures, qui pourtant offraient des motifs si beaux et si variés !

M. Caminade a fait converser bien froidement ensemble, au bord du puits, et au pied d'une montagne classique, Jésus et la Samaritaine. C'est de la peinture de tradition.

M. Henri Scheffer a peint un homme à très-larges épaules, couvert d'une blouse gris-bleu, agenouillé, les bras ouverts et les mains baissées vers la terre. C'est peut-être un paysan qui fait sa prière ; mais que ce soit là l'Être divin qui disait : « Mon âme est triste jusqu'à la mort ! » non, mille fois non.

La manière de M. Landelle tombe dans l'excès opposé ; on pourrait l'appeler du christianisme de salon : un pas de plus, ce serait de l'évangile de boudoir. On exagère toujours ses qualités, et on en a bientôt fait des défauts. M. Landelle a été loué de sa délicatesse de forme et de tons : il en est venu à des figures maigres, à des natures appauvries, à un coloris timide et faible jusqu'à l'évanouissement. Ses deux béatitudes : « Heureux ceux qui pleurent, heureux ceux dont le cœur est pur, » ont de la douceur, mais de la mollesse. Pour ménager l'espace, il a fallu entasser les personnages, les priver d'air, fatiguer les attitudes. Les sujets chrétiens veulent plus de simplicité, plus de franchise ; leur parfum n'est pas celui de nos salons mondains ; c'est celui des fleurs qui croissent sur la montagne, ou de l'encens que l'autel envoie à Dieu.

M. Jalabert a donné à sa figure de saint Luc, commandée pour un vitrail de Sèvres, une belle tournure ; il l'a peinte avec fermeté et une splendeur sévère. Les draperies d'un corps au repos doivent accuser peu les membres qu'elles recouvrent, mais au moins elles en doivent laisser supposer l'existence ; M. Jalabert a négligé ce précepte ; il a fait passer le bout d'un pied, mais il est impossible de deviner la jambe qui s'y rattache ; quelques retouches dans les plis feront disparaître ce défaut.

Le dessin correct et serré du *saint Luc* de M. Jalabert contraste avec le laisser-aller de la *Madeleine* de M. Gigoux. On serait porté à croire que M. Gigoux n'a voulu qu'assembler et rapprocher des tons brillants ou harmonieux, et qu'il n'a eu nul souci de la pensée ni de la forme. Madeleine est à genoux devant une croix de bois dans une grotte ; d'où lui vient le jour ? ce n'est pas de l'entrée de la grotte, qui est derrière elle ; ce ne peut pas être du fond de cette grotte, qui est essentiellement sombre ; il faut supposer je ne sais quelle fenêtre fantastique, ou admettre que la scène se passe comme dans une ruelle entre deux rochers. Je ne dis rien du fond du tableau, formé de nuages et de montagnes qui se confondent dans des teintes inexplicables, ni des chairs charmantes de la sainte : elle en est sans doute aux premiers jours de sa pénitence. Mais une femme qui passe pour avoir été belle n'a jamais eu des bras aussi longs, un buste aussi court, un sein aussi massif, des cuisses et des jambes qui, étendues, auraient des proportions énormes. J'avoue que la draperie composant l'unique vêtement est d'un beau bleu, et qu'il y a des délicatesses dans le ton des chairs.

Dans une donnée tout opposée, M. Lecurieux semble fuir la couleur, et couvre sa toile exclusivement de gris et de rouge. Sa composition du *duc d'Aquitaine* se comprend difficilement ; ce doit être un impie qui se débat contre les menaces de l'Eglise, et on dirait un saint homme qui se prépare à recevoir la communion. Prises isolément, plusieurs figures ont de belles qualités.

M. Jacquand donne un soin égal, trop égal, à toutes les parties de ses œuvres; sa touche est la même pour tous les objets qu'il peint. Comme de coutume, il a traité un sujet monastique. Il a, on ne sait trop pourquoi, agrandi ses dimensions. La scène qu'il a choisie n'est pas sans intérêt. Saint Bonaventure a entrepris de réformer l'ordre de Saint-François; il donne l'exemple de l'humilité, et c'est pendant qu'il lave la vaisselle du couvent qu'il reçoit les insignes du cardinalat. Entre le moine occupé dans un coin à une œuvre si basse et les magnificences d'un cortége envoyé au nom du chef de l'Eglise, il y avait une belle opposition : M. Jacquand ne l'a pas comprise : il s'est contenté de mettre deux moines sur le premier plan, et il a rejeté dans le lointain toute la procession. Chose étrange! le moine, vêtu d'une lourde et riche chape, qui porte le chapeau sur un coussin, semble l'offrir à une personne qui serait hors du cadre, ou le déposer au pied du réchaud très-élégant, et très-élégamment peint, qui sert à saint Bonaventure. Celui-ci ne lave pas la vaisselle depuis longtemps, car ses mains sont d'une blancheur et d'une délicatesse exquises; enfin, une dernière conséquence de l'inconvénient de tout finir trop également, c'est la froide et monotone répartition de la lumière. Malgré ces critiques, il faut reconnaître à M. Jacquand des qualités distinguées, sages, plus convenables aux petits tableaux qu'aux sujets traités en grand.

Il y a un mérite analogue, quoique avec moins d'harmonie de coloris et plus de roideur de ligne, dans le talent de M. Bézard. Cet artiste a exécuté heureusement un tour de force en réunissant dans un seul tableau, avec beaucoup de

2.

clarté, les Sept Sacrements. Les groupes, divisés en deux grands compartiments, sur deux plans différents, se lient bien ensemble, présentent une physionomie sincèrement religieuse, et ont plusieurs figures d'un très-bon dessin.

M. Herbelsthoffer a mis beaucoup de fougue dans sa *Tentation;* les deux belles femmes qui s'élèvent au-dessus du moine, dans la grotte, ont de quoi séduire : tout en les repoussant, l'anachorète n'a aucune raison d'entrer dans un accès de fureur et d'enfoncer ses ongles dans le rocher. Sauf l'excès du mouvement, il y a beaucoup à louer dans cet ouvrage.

De bonnes études recommandent les *saint Come et saint Damien* soignant les malades ; mais où M. Duval-Lecamus fils a-t-il pris cette lumière bizarre qu'il étend comme par lames sur les surfaces ? Pourquoi aussi néglige-t-il le modelé, au point de donner à ses têtes, à ses membres, à ses draperies, l'aspect d'objets en bois ?

On ne peut pas soigner plus à fond toutes les parties d'un tableau que n'a fait M. Boutterweck : ayant à montrer Charlemagne qui donne à sa fille, abbesse d'Argenteuil, les reliques de la sainte tunique, il étudie minutieusement les costumes, les accessoires ; il dessine bien ses têtes ; il est exact en tout ; mais il fait ses figures une à une, sans s'inquiéter de la lutte des couleurs ni de l'enchaînement des groupes ; de là un aspect à la fois criard et froid. A droite, sur le premier plan, une femme à genoux élève son enfant vers la sainte châsse comme pour le faire bénir ; son mouvement et celui de l'enfant sont d'une naïveté charmante et d'un effet tout nouveau.

M. Crauk a exposé un *saint Lambert en extase,* d'une expression fort exagérée, et d'une vulgarité malheureuse. Le *saint Sébastien,* de M. Richaud, est mal posé ; il a une tête trop petite sur un corps trop long ; mais il y a un bon travail dans les muscles du torse. La *sainte Affre*, de Mme de Guizart, exprime une douleur de femme du monde plutôt que de martyre.

Le salon compte deux saintes Cécile : l'une, qui semblerait sortie d'un pinceau de femme, est due à M. Grevedon, le célèbre lithographe, qui conserve toute son élégance, son habileté d'arrangement, et y joint une bonne entente de la couleur ; l'autre, qu'on dirait peinte par un homme, est l'ouvrage de Mlle Caroline Thévenin : on y reconnaît l'étude des maîtres ; on y chercherait en vain la trace de la moindre coquetterie féminine. La sainte, dont on ne voit que le buste, est vêtue d'une robe brune, harmonisée avec le ton des chairs par un voile qui entoure doucement le cou ; ses deux mains se posent et se croisent sur sa harpe ; ses yeux sont levés comme dans l'extase de la contemplation : il y a du ciel dans ce regard-là. La sainte est belle, d'une beauté sérieuse et calme ; trop jeune peut-être, et trop frêle de tête et de cou. Il est à regretter que Mlle Thévenin n'ait peint qu'un buste, qu'elle n'ait pas complété, dans la figure entière, le mouvement du corps, qui ne peut être qu'indiqué, et qu'elle n'ait pas dégagé le personnage, un peu gêné dans son cadre. Par le sentiment, par la sobriété, la justesse et l'harmonie de l'exécution, la *sainte Cécile* de Mlle Thévenin est une des bonnes peintures religieuses du salon.

HISTOIRE, MYTHOLOGIE. — *MM. Gallait, Glaize, Benouville, Tassaert, Jolin, Houry, Hillemacher, Thomas, Labouchère, Leray, Marbeau, Decaisne, Brune, Gigoux, Picou.*

Par un vieil abus de mots, abus que conservent fidèlement les traditions d'atelier, on appelle tableaux d'histoire des peintures qui n'ont souvent rien d'historique, et certains peintres croient se placer aussi haut dans l'estime du public que dans leur propre opinion en se donnant le titre de peintres d'histoire, n'eussent-ils jamais peint que des anges, des diables, des dieux ou des nymphes. Pour moi, docile, en cela comme en bien d'autres choses, aux leçons du vieux maître qui appelle un chat un chat, je donne tout simplement le nom de tableaux d'histoire à ceux qui représentent des sujets historiques, réservant d'ailleurs pour une autre catégorie ceux où une simple anecdote met en scène, dans une action familière, des personnages imposants ou célèbres. Il est bien entendu que le classement ne dépend pas de la dimension des cadres; *le Meurtre du duc de Guise*, par M. Delaroche, n'est pas moins un tableau d'histoire que les énormes machines de Lebrun.

Cette année, la vraie peinture historique n'est pas plus en progrès au salon que la peinture religieuse; et pourtant quelle précieuse mine à exploiter que les annales du monde ! combien de trésors offrent à l'artiste les seuls souvenirs de notre France! Mais, si l'on veut avancer dans cette voie, il faut de longues et fortes études ; il faut s'initier aux mœurs, aux coutumes intimes et extérieures, à toute la vie des nations; il faut savoir à fond les hommes qu'on met en vue, et joindre la science à la pensée qui conçoit et au talent qui exécute. On n'acquiert tout cela que par des sacrifices, des labeurs, du dévouement : nos artistes en sont capables, et cependant la plupart désertent l'art sérieux; ce n'est pas eux seuls qu'on en doit accuser; le public a sa part du reproche : si les gens riches ornaient leurs demeures de tableaux et de statues au lieu de les encombrer de colifichets; si les fortunes, grandes et moyennes, prenaient goût aux choses graves et belles, au lieu de se borner aux portraits, et aux futilités ou aux indécences peintes, l'art ne se ferait pas petit. Comment l'artiste chercherait-il le beau, s'il sait d'avance qu'il ne sera ni compris ni soutenu? Après tout, ne faut-il pas vivre de son pinceau et de son ébauchoir? et si le nombre des artistes est trop grand, celui des Mécènes n'est-il pas, hélas! trop restreint?

Quoi qu'il en soit de l'avenir de la peinture historique, prenons-la pour ce qu'elle est aujourd'hui, et voyons ce qu'elle nous a donné. Une de ses œuvres les plus remarquables nous arrive de Belgique. Le bruit qui s'est fait autour du tableau de M. Gallait atteste son importance ; on ne se passionne que pour ce qui a de la valeur. Sans partager l'enthousiasme exclusif du patriotisme belge, on ne peut, sous peine d'une flagrante injustice, méconnaître le mérite du peintre tournaisien. Son sujet serait beau par tous pays ; il l'était surtout pour des Belges, car il leur rappelait des martyrs de la patrie. Les comtes d'Egmont et de Horne viennent de périr sur l'échafaud ; leurs cadavres ont été portés au couvent des Récollets à Bruxelles ; là ils sont exposés, et les membres du grand serment (compagnies bourgeoises), composés d'arbalétriers, viennent contempler les deux héros tombés sous les coups de l'Espagne. La mort, la nationalité, la religion, la douleur d'une part, la vengeance de l'autre ; certes, il y a là les éléments d'une page émouvante. Figurez-vous la voûte assombrie de la chapelle du couvent, et dans la partie la plus obscure, à peine éclairée par la lueur des cierges funéraires, les deux corps déposés ; auprès d'eux des moines en prière et des soldats espagnols gardant avec jalousie leurs victimes : puis les chefs du grand serment, tristes, et contenant, devant l'ennemi, leur chagrin et leur indignation ; vous les voyez chercher avidement à plonger leurs regards dans l'ombre pour y découvrir les deux corps, objets pour eux de curiosité, d'horreur et de regrets. Comme, dans cette distribution, les sentiments de chaque groupe se manifestent ! comme les expressions se font ressortir par le contraste ! comme le lieu de la scène ajoute à son caractère ! quel effet, à la fois moral et pittoresque, résulte de l'opposition entre la lumière et la grande ombre qui semble dérober les cadavres aux yeux des spectateurs, en même temps qu'elle atténue ce qu'il y a de froidement hideux dans la vue de deux têtes coupées !

Il y avait une autre manière de comprendre le sujet ; la voici : les deux têtes, rajustées aux corps cachés sous un manteau, occupent, en pleine lumière, tout le bas du premier plan ; la civière qui les porte forme une longue ligne horizontale ; à gauche, et au fond, un moine allume des cierges sur un autel ; vers le centre, et debout, deux Espagnols, un courtisan et un soldat, épient les Flamands, qui, à l'autre extrémité, se groupent en regardant les cadavres. Les figures remplissent tout le champ du tableau, et le fond n'y a aucune importance. Cette disposition est celle que M. Gallait a préférée. Peut-on s'étonner, dès lors, de la froideur de sa composition ? L'unité manque dans les lignes comme dans la pensée ; il y a deux tableaux : ici des cadavres couchés horizontalement ; là un groupe d'hommes debout ; une égale et vive lumière frappe tout : point de mystères, point de contrastes. Ces deux têtes livides ne sont que repoussantes, si les objets qui les entourent ne leur donnent pas un sens moral : or, parmi les personnages qui regardent les cadavres, un seul, le chef, a une attitude méditative, intelligente : les autres sont des curieux insignifiants ; si un d'eux pleure, les larmes tombent sur sa grosse face comme tomberaient des gouttes de sueur, sans aucune des contractions qui trahissent l'effort d'une douleur concentrée. Les seules figures expressives sont les deux Espagnols; mais ils doivent venir comme épisodes, et ne donnent pas le caractère essentiel.

On le voit, c'est à la pensée que s'adresse ma critique, et que je rapporte l'explication de l'indifférence d'une partie du public. Quant à l'homme de métier, il est évidemment supérieur, et ce sont ses qualités d'exécution qui lui ont valu tant de suffrages. Je ne reprocherai pas à M. Gallait l'égale perfection qu'il donne à tout ce qu'il peint, l'excès de propreté qui rappelle trop les habitudes d'un intérieur flamand; c'est un défaut qu'évitera facilement un homme aussi maître des procédés de son art, et qui saura, quand il le voudra, sacrifier certains objets pour en faire valoir d'autres. Je ne m'arrêterai pas à blâmer la vivacité des tons rouges qui attirent l'œil d'un côté, ni la surabondance des roux et des bruns; je ne demanderai pas compte à M. Gallait de la direction parfois inexplicable de sa lumière, ni du manque d'espace d'où résulte l'impossibilité de comprendre l'ombre portée sur un coin de l'autel. J'aime mieux finir en rendant hommage à la fermeté de main, au faire large et magistral qui assurent à M. Gallait un rang distingué parmi les peintres de notre temps.

De belles qualités aussi, mais d'une autre nature, se remarquent dans *les Femmes gauloises* de M. Glaize. L'histoire mentionne la résistance de nos aïeules à l'invasion des Romains : elle raconte que, plutôt que de se rendre, ces héroïnes, quand leurs maris, leurs pères, leurs frères avaient succombé dans la lutte, se donnaient la mort et tuaient les enfants : l'ennemi ne devait avoir pour prisonniers que des cadavres. L'art peut trouver dans ces souvenirs de grandes inspirations; M. Glaize s'est presque élevé au niveau de son sujet. Dans son tableau, les guerriers qui combattaient pour leurs foyers et leurs familles sont renversés; ils tentent de frapper les derniers coups; leurs corps roulent sous les pieds des chevaux; des femmes de tout âge sont entassées sur un lourd chariot : à l'approche des Romains, les unes lancent des pierres, d'autres se poignardent ou se délivrent mutuellement de la vie; de vieilles mères plongent le couteau dans le sein de leurs filles; des femmes tiennent leurs petits enfants égorgés par elles-mêmes; les imprécations du désespoir s'échappent de leurs bouches; leurs bras menacent encore, et au-dessus d'elles toutes, une jeune druidesse, brandissant la faucille sacrée, excite le courage par l'exaltation religieuse. Le mouvement général est beau, les groupes sont bien disposés, beaucoup de figures offrent une grande énergie et une grande vérité. Si pourtant le tableau ne produit pas toute l'impression qu'on en pouvait attendre, cela tient à plusieurs circonstances; je signale les principales : la couleur manque de vigueur et d'oppositions; les chairs, les vêtements, les bois du chariot, les terrains sont presque du même ton; la plupart des femmes font d'affreuses grimaces ou restent dans l'apathie de l'indifférence, ce qui ne rend ni la colère ni la résignation; une de ces Gauloises paraît enfoncer le couteau dans le cou de sa jeune fille avec une précaution de chirurgien; une mère, grande et belle d'ailleurs de tournure et d'expression, porte à la main un petit enfant tué, comme elle y aurait un morceau de bois ou un sabre.

Enfin M. Glaize n'a pas osé tirer parti d'un moyen qu'il

a indiqué ; les Gauloises semblent toutes tourner les **yeux** vers un objet qui redouble leur colère ; en suivant la direction de leurs regards, on voit sur un plan assez reculé **un escadron de Romains** dont un soldat élève une tête de femme coupée ; ce lugubre trophée donnait un sens aux **regards** enflammés des compagnes : vu à distance, il pouvait être assez accusé pour que l'on comprît bien sans exciter l'horreur que soulèverait un pareil objet placé au premier plan ; M. Glaize a dessiné si faiblement, que la tête tranchée semble appartenir à un soldat plus grand que les autres, et que la chevelure flottante est prise pour la crinière d'un casque. Dans l'exécution, M. Glaize a eu le tort de négliger le dessin des devants, qui réclament plus de correction que le reste ; à gauche, une femme assise à terre semble un nain difforme parce que sa pose n'est pas claire et qu'elle embrasse des enfants debout ; à droite, un soldat monte un cheval dont aucune partie n'est d'accord avec les autres, un cheval impossible.

M. Benouville a emprunté à la Grèce antique un sujet d'un assez pauvre intérêt, *le Départ de Protésilas pour la guerre de Troie :* Protésilas est parti le premier, mais il a été suivi de bien d'autres qui ont laissé un plus grand nom que le sien. Le guerrier, la femme qu'il quitte, l'ami qui l'entraîne, sont peints dans toutes les conditions du style académique : peinture de convention qui n'est pas relevée par le coloris, mais qui se recommande par une bonne entente de l'architecture.

La Communion des premiers chrétiens rappelle trop l'admirable *Massacre des Innocents* de M. Léon Cogniet ; malheureusement M. Tassaert ne ressemble au maître que par la disposition : quelques-unes de ses figures de chrétiens priant avec ferveur sont bien dessinées, mais, au premier plan, une femme s'accroche au mur avec un mouvement de désespoir faux moralement et mal réussi ; un jeune homme, épaté sur le terrain pour écouter en bas le bruit qui vient d'en haut, se présente sous un aspect presque ridicule ; quant à la lumière, on comprend difficilement que des lampes dont la flamme est rouge éclairent en blanc vert les parois du souterrain.

Le Massacre de saint Gohard par les Normands, à Nantes, par M. Jolin, est une grande page d'une bonne couleur, où l'on voudrait plus de mêlée et une plus franche barbarie.

M. Houry a donné un caractère sombre et juste à la scène déjà souvent traitée de *la Découverte du corps de Charles le Téméraire par une blanchisseuse de Nancy*. L'habitude de lier ensemble les figures d'une composition n'est pas venue encore à M. Houry. On doit lui reprocher aussi, et surtout, d'avoir à peine animé la physionomie de la femme qui est censée jeter un cri en reconnaissant le duc de Bourgogne.

C'est dans les annales de la Normandie que M. Hillemacher a puisé un sujet pathétique. En 1418, les Anglais assiégeaient Rouen ; ils n'avaient point voulu laisser passer douze mille femmes, enfants, vieillards, qu'on avait renvoyés de la ville ; les malheureux étaient demeurés dans les fossés, où ils n'avaient que des herbes sauvages pour se nourrir ; ils mouraient chaque jour par centaines ; quand une femme accouchait, on montait son enfant dans un panier pour le baptiser dans la ville et on le descendait ensuite, la ville ne voulant pas le nourrir. Ce dernier épisode forme l'intérêt dominant du tableau. Au pied de la muraille, une jeune

femme voit enlever, dans une corbeille, un enfant nouveau-
né ; auprès d'elle, des jeunes filles prient et la consolent ; un
vieillard suit l'enfant d'un regard attendri ; des pauvres se
traînent à peine ; des jeunes filles malades cherchent, auprès
d'un feu de feuilles sèches, un dernier abri contre un froid
qui est celui de la mort. Toutes ces figures ont des expressions bien senties, des mouvements justes, des poses vraies ;
elles perdent à ne pas avoir des proportions plus fortes, et
à se trouver placées, sur un fond de mur plat et monotone,
dans des relations qui isolent trop les unes des autres les
têtes les plus importantes du groupe principal ; peut-
être aussi l'exténuation ne se fait pas assez sentir sur
les visages ; l'affaissement des corps n'est pas assez marqué,
et il reste sur les vêtements, à peine souillés par le bas, trop
de fraîcheur et de bonne conservation : je voudrais hommes
et choses encore plus désolés. Du reste, tout est bien peint
dans cet ouvrage d'un artiste qui a déjà fait preuve de bonnes
études.

Si le sujet de M. Hillemacher a le malheur d'être peu
connu, celui de M. Thomas, *les Enfants d'Edouard*, a le
danger d'avoir été popularisé par les belles œuvres de la
poésie et de la peinture ; il y a quelque courage à se présen-
ter après M. Delaroche ; M. Thomas l'a osé ; il a fait un travail de coloriste, d'un effet faux, et où quelques objets bien
imités ne rachètent pas l'absence de noblesse et de sentiment.

Le Colloque de Genève en 1549, par M. Labouchère, peut
être considéré comme une curieuse collection de portraits.
Il n'y faut pas chercher un grand intérêt d'action ; il n'y
en a guère dans une conversation théologique soutenue par
des docteurs calvinistes. Vêtements et accessoires sont d'une

bonne exécution. Mais pourquoi le personnage principal fi-
gure-t-il avec deux doigts au-dessus de la table un angle aigu ?
pourquoi les hommes assis au fond sont-ils dans des proportions et dans une lumière qui les ramènent au niveau du
premier plan ?

Je ne sais ce qu'a voulu M. Leray en représentant
*Charles IX et sa cour visitant les gibets de Montfaucon pour
y voir le corps de l'amiral récemment massacré.* S'il a seulement désiré peindre des courtisans de tout âge et de tout
sexe, au moment d'une halte de promenade, il a passable-
ment réussi un bon nombre de petites figures. S'il a espéré
faire reconnaître, dans un groupe éloigné, amoindri, un roi
avec sa puissance et ses passions ; s'il a eu l'idée de faire
naître une sensation morale quelconque, de faire comprendre, à l'aide d'un gibet et de quelques pendus à peine entre-
vus, l'anecdote qu'il a rappelée dans le livret, il s'est complétement trompé.

La peinture historique n'exige pas absolument les grandes
toiles ; mais elle s'accommode mal des figures trop ré-
duites ; M. Marbeau, en faisant petit, a ôté toute majesté,
toute importance à son Raimond, comte de Toulouse, pro-
tecteur des Albigeois, agenouillé sur les marches de l'église
de Saint-Gilles, devant le légat du pape. Les personnages
microscopiques se perdent dans l'espace : le tableau peut
représenter la magnifique façade de l'église ; à coup
sûr, il ne représente pas une scène historique, car il est
impossible de rien voir des passions diverses qui ont dû se
refléter sur les visages des acteurs et des spectateurs.

M. Decaisne n'a pas, non plus, donné assez d'intérêt à
son *Dauphin dans la prison du Temple,* ni à sa *Jane Shore
mourant à la porte de son mari :* le jeune prince n'est pas

caractérisé de manière à le faire distinguer d'un prisonnier ou d'un malade ordinaire ; la jeune femme a bien l'expression de la douleur et de la fatigue, mais ce qui l'entoure manque d'action et de vie. A sa manière habituelle, rose et peu solide, M. Decaisne a essayé de substituer des tons bruns et une touche qu'il a risqué de rendre lourde en croyant la rendre ferme.

Il y a déjà longtemps qu'un grand orateur disait : « Les rois s'en vont. » Il y a tout aussi longtemps, si ce n'est plus, que s'en vont les dieux ; on peut dire aujourd'hui : « Les dieux sont partis. » L'art a déserté l'Olympe. Si M. Picot n'avait pas fait son beau tableau de l'Amour et Psyché, je dirais peut-être que Prudhon est le dernier de nos peintres païens : celui-là, du moins, peut faire regretter que la mythologie grecque soit usée ; sous son pinceau, la fable avait toute sa grâce, toute sa fraîcheur, et j'ajoute toute sa vérité ; car, entendue comme elle l'a été par Prudhon et les hautes intelligences de tous les temps, la fiction n'est qu'un brillant manteau jeté sur la nature : la nature est au fond, se voit et se retrouve toujours ; aussi les belles œuvres mythologiques des maîtres resteront éternellement belles. Prenez, par exemple, les bacchantes : ce type de la sensualité violente, échevelée, de la femme, a inspiré les plus grands artistes des écoles les plus opposées, Raphaël, Rubens, Poussin. M. Brune a pensé que ce sujet n'était pas épuisé : il aurait eu raison s'il avait fait comme les grands peintres, si, sous le nom de *bacchantes*, il avait étudié la passion, l'ivresse véritables ; mais non, il n'a vu qu'une occasion d'arranger un certain nombre de femmes nues, de les grouper sous des arbres avec quelques satyres. Ces femmes, toutes pareilles, d'une couleur qui permet de douter de leur sexe, n'ont ni l'énergie de l'enivrement, ni la mollesse de la fatigue ; il n'y a point de sang sous leur peau, point d'os sous leurs muscles ; leurs formes ne sont ni belles ni correctes. Je louerai volontiers l'harmonie de la lumière, des demi-teintes heureuses, des draperies d'un joli effet ; mais je regrette de ne pas trouver ces qualités au service d'une composition mieux disposée, d'une pensée mieux rendue.

J'en dirai autant à M. Gigoux pour sa *Galatée*. Des tons de chair fins et brillants, mis en rapport avec des draperies et un fond très-doux, ce sont des mérites de coloriste incontestables ; mais, je ne cesserai de le répéter, parce que je vois des gens du monde et des artistes qui l'oublient, des couleurs ne sont pas des tableaux. Vouliez-vous, après Girodet, faire encore une Galatée : vous deviez, avant tout, réfléchir aux conditions de ce sujet ; vous auriez, en y pensant, compris qu'il exigeait l'intervention de deux personnages également essentiels, l'artiste et la statue ; Girodet a eu la malencontreuse idée d'en poser un troisième, l'Amour, qu'il aurait mieux fait de placer dans le regard et dans le frissonnement du statuaire éperdu que dans un petit Cupidon minaudant. Au lieu de ce miracle de l'amour qui rayonne du cœur de l'artiste pour donner la vie au marbre, vous avez imaginé une figure isolée ; qui voulez-vous qui comprenne ce que cela veut dire ? Il est vrai que, dans un coin, en bas, on croit voir une tête d'homme et un bras, assez semblables, par la couleur verdâtre, à un dieu ou à un monstre marin ; le bras, armé d'un marteau, paraît plutôt menacer que caresser : c'est là le Pygmalion créateur et amoureux ! Et votre Galatée, vous deviez lui donner la pudeur des premières sensations, et vous lui attribuez les grimaces de la coquetterie avec la crainte des dernières vio-

lences d'une passion brutale! Oh! ce n'est pas là Galatée!
Encore si c'était une jolie femme!...

Il ne faut parler des *Erynnies*, c'est-à-dire des furies ven-
geresses du crime d'Oreste, que pour reprocher à M. Picou
une précipitation offensante envers le public, et une négligence indigne d'un talent qu'il serait douloureux de supposer déjà à son déclin.

PORTRAITS, ÉTUDES. — *MM. Léon Cogniet, Dubuffe fils, Landelle, Muller, Hébert, Couture, Hoffer, Lehmann, Pérignon, Chaplin, Court, Mme O'Connell, MM. Courbet, Borione, Louis Boulanger, Amaury Duval, Signol,
Jobbé-Duval, Faivre-Duffer, Ricard, Laugée, Vetter,
Verdier, Ange Tissier, Benouville, Charles Lefebvre, Rodakowski, Larivière, Henri Scheffer, Gosse, Decaisne, Fontaine, Timbal, Hussenot, Planchet, Antoine Faivre, Mlles Dimier et Rosalie Thévenin, Mme Hausmann, MM. Leman,
Jollivet, Baumes, Dubuffe, Boulanger, Antigna, Berthet,
Boutibonne, Mlle Eudes de Guimard.*

C'est surtout dans la peinture des portraits qu'il faut faire
deux parts bien distinctes, celle de l'art et celle du métier;
la seconde, malheureusement, est bien plus large que la
première. Le nombre des portraits s'accroît en proportion
de l'aisance générale et du nombre des peintres; autrefois
les rois, les grands, les prélats, se faisaient seuls *pourtraire :*
il y a longtemps que la vanité, la fortune, et aussi les bons
sentiments de la famille, de l'amitié, de la reconnaissance
ont étendu le cercle; aujourd'hui les salons bourgeois, les
appartements les plus modestes sont meublés, je voudrais

pouvoir dire ornés, de portraits. La marchandise est donc
fort demandée ; de même qu'il en faut pour tous les prix, il
y en a pour tous les goûts, et il n'est pas un genre de peinture qui impose plus de sacrifices à l'indépendance, au sentiment intime de l'artiste ; il n'en est pas non plus qui offre de plus dangereuses tentations : comme le portrait four-
nit le meilleur débouché pour la production artistique, les
peintres sont entraînés à chercher, avant tout, à plaire aux
gens qui les payent, et à se faire une manière engageante, à
jouer envers le public un rôle de sirènes. Le talent court de
grands risques dans la pratique du portrait ; on en peut juger par l'abondance des représentations médiocres, insigni-
fiantes ou ridicules que renferme chaque salon, et aussi par
les bizarreries de parti pris, les affectations de toute nature, les procédés faux, travers généralement prémédités,
auxquels on a recours pour se créer ou pour garder une
clientèle. Les hommes supérieurs, qui méprisent la mode
au lieu de la courtiser, qui imposent la loi au lieu de la recevoir de personne, ont abordé avec une sorte de respect la
peinture du portrait ; à leurs yeux, comme dans la pensée
de quiconque aime et comprend l'art, rien n'est plus beau
ni plus difficile que la reproduction de la figure humaine.
Dans une scène historique ou anecdotique, l'imagination a
une certaine, souvent une grande liberté ; le sujet contribue
puissamment à l'effet, les accessoires y ajoutent beaucoup ;
tandis qu'un portrait doit trouver toute sa valeur en lui-
même, sans le secours des ornements étrangers, comme la
musique instrumentale doit tout dire sans l'aide d'aucune
parole. L'artiste n'a pas même le choix du costume ni de la
pose ; s'il veut être vrai, il faut qu'il donne à ses modèles
leur attitude habituelle, leurs vêtements ordinaires ou ceux

qui conviennent le mieux à leurs mœurs, à leur condition, à leur physionomie ; comme c'est dans le visage et son expression que l'âme se reflète, c'est sur la tête que doit se porter le principal effort ; et comme, dans un portrait, c'est une personne qu'on veut montrer, et non une toilette, ni un mobilier, ni un appartement, tous les accessoires doivent être subordonnés, servir tout au plus à caractériser une situation, un âge, des habitudes morales, sans jamais faire oublier qu'ils ne sont, après tout, que des accessoires. Ces rares conditions de la vérité, de l'individualité, de la simplicité se trouvent dans les portraits qui figurent au rang des chefs-d'œuvre : qui ne les a pas reconnues et admirées dans Léonard de Vinci, Raphaël, Titien, Vélasquez, Rubens, Van-Dyck, Rembrandt, Philippe de Champaigne, Latour, David ? Une autre qualité, non moins essentielle, et qui manque à d'éminents portraitistes, c'est la variété de la touche : enfants, vieillards, femmes, blonds, bruns, citadins, villageois, autant de modes de peinture différents, même dans la donnée générale que chaque artiste a reçue du ciel pour interpréter la nature.

Le portrait qui, cette année, réunit le mieux les qualités diverses de ce genre si élevé, c'est celui d'une dame âgée, par M. Léon Cogniet. Ici point d'artifice ; point de ruse, aucun appel au goût superficiel, aucune recherche, aucune coquetterie de costume ni de pinceau. Une femme, au visage pâle et ridé, point belle, mais d'une figure intelligente, d'une physionomie vive et fière, est debout, vue de face, sur un fond uni et neutre ; une robe de soie brun-rouge monte jusqu'à son cou ; ses mains ramènent devant elle un manteau noir garni de fourrures : voilà tout. Il est difficile de rien imaginer de plus simple ; mais cette femme, droite

3

et seule, a un grand air qui n'avait pas besoin d'armoiries pour trahir une origine aristocratique; sa figure vit, elle domine, et l'œil y revient sans cesse, bien que le peintre ne l'y ait fixé par aucun éclat de lumière; les mains, les véritables mains de l'âge déjà un peu avancé, ont une aisance, un modelé, une réalité de pose et de plan qui accusent la peinture magistrale; les chairs sont traitées d'une façon, les étoffes d'une autre, le tout avec un soin consciencieux qui, néanmoins, ne conduit jamais à la minutie ni au tourmenté. Toutes les parties sont graves et calmes : M. Cogniet s'est bien gardé de gâter son beau travail par des touches et des lumières à effet qui auraient pu impressionner la foule ou donner satisfaction à certaines tendances du moment, à certaines prétentions qui poussent à frapper fort plutôt qu'à faire vrai ; il a mieux aimé, et il a eu raison, courir le risque de paraître un peu froid à quelques-uns, que celui de perdre sa belle harmonie par des coups de brosse faciles et faux; il a préféré le reproche d'avoir peu détaché la tête du fond à une exagération de relief qui aurait détruit l'unité de l'ensemble.

On assure que, devant ce magnifique portrait, un jeune homme qui a un mérite avéré, mais encore plus de présomption que de talent, défaut commun à la jeunesse, disait : « On ne peint plus comme cela, c'est de la peinture vieillie; mais c'est très beau!... » Heureux les ouvrages dont on proclame la beauté, quel que soit le procédé employé pour les produire! Malheur à ceux qui placent leur valeur et leur espoir dans le faire matériel! Sans sortir de notre siècle, nous avons vu le succès acquis à la peinture lisse, léchée de M. Kinson; aux contours indécis et tremblotants de M. Champmartin; aux roses éternelles et monotones de la palette de M. Dubuffe ; aux chairs transparentes, éclairées en dedans, de M. Winterhalter ; aux surfaces polies et cirées de M. Pérignon ; aujourd'hui les peaux rugueuses et maçonnées sont en quête de la vogue ; toutes ces manières ont passé ou passeront, comme ont passé les prétentieuses afféteries du 18ᵉ siècle. Qu'est-ce qui reste ? ne sont-ce pas les portraits où le vrai l'emporte sur l'effet, ceux où le travail matériel disparaît sous la splendeur de la pensée, où la brosse n'est pas le moyen d'un succès éphémère, mais l'instrument docile du génie ? Faites vrai et beau, si vous pouvez, et soyez sûrs qu'aucune critique sérieuse n'accusera votre peinture de vieillir.

Classer tous nos portraitistes serait une tâche malaisée ; ils marchent dans tant de voies différentes ! Je ne m'en plaindrais pas si tous étaient sincères, s'ils peignaient comme ils voient, et non comme ils désirent être vus. Mais combien d'entre eux s'éloignent volontairement de la vérité, combien exagèrent à dessein leurs défauts et leurs qualités, combien vont jusqu'à renoncer à être eux-mêmes parce qu'ils veulent à tout prix attirer l'attention sur eux ! N'est-ce pas pour plaire aux belles dames que M. Dubuffe fils, possesseur d'une très-réelle habileté, paraît disposé à déserter l'art sérieux ? Il réussira sans doute, il réussit déjà, non pas par ce que son dessin et sa couleur ont de bon, mais parce qu'il noie ses modèles dans des flots de soie, de mousseline ou de gaze ; parce qu'il les entoure de toutes les élégances d'un boudoir moderne, parce qu'il donne à toutes ces dames les yeux et la bouche qu'elles désireraient avoir, sans qu'elles se doutent des réflexions un peu lestes que provoque le genre uniforme de beauté que leur distribue leur peintre ordinaire.

Dans un portrait de femme, délicatement peint, mais disposé de manière à ce que le genou joue un grand rôle dans la pose, ce qui est fort à la mode aujourd'hui, M. Landelle sacrifie aussi la correction et le style à la grâce minaudière, et le visage aux étoffes.

M. Muller a fait un portrait qui ne vise pas autant au joli, mais qui est tout aussi prétentieux : le geste d'une femme, en toilette de bal, qui met ses gants, n'a rien de gracieux; ce désavantage n'est pas racheté par l'agrément de l'exécution : les chairs sont d'un blanc blafard et n'ont aucune transparence; le sourire grimace; le naturel est absent.

Ce n'est pas un tour de force que M. Hébert a exécuté, c'est une erreur qu'il a commise en exposant trois portraits peints de trois façons entièrement différentes; en travaillant, il est bien évident que M. Hébert ne regardait pas ses modèles, mais le public, et qu'il lui disait : « Choisissez. » Le public s'est arrêté de préférence devant une de ces trois toiles, parce qu'on s'arrête toujours devant ce qui est bizarre et extraordinaire; tous les visiteurs du salon stationnaient en face de cette tête blonde à boucles épaisses, innombrables, soufflées, de ce visage jaune-pâle, caressé par de jolis jours frisants, de ces yeux d'une grandeur invraisemblable et d'une expression douce et mélancolique, de ce cou d'une longueur sans exemple, de ces épaules et de cette taille si minces qu'on se prenait à douter de l'existence du corps, de ces doigts délicats tortillés comme s'ils n'avaient aucune phalange, de cette robe bleu-clair sur un fond verdâtre : c'était une vision, mais assurément ce n'était pas une créature humaine. M. Hébert, par un motif que j'ignore, l'a retirée; que les avertissements qu'il a reçus lui

servent ! Il a laissé le portrait d'une jeune femme pâle et rêveuse, dessinée assez correctement, mais non simplement, et
celui d'un homme qui ne semble pas fait de chair, mais de
bronze. L'auteur de *la Malaria* était dans une excellente
voie ; on peut craindre qu'il ait voulu en sortir ; la tentative n'a pas assez bien réussi pour qu'il ne se hâte pas d'y
revenir.

M. Couture s'inquiète peu de la nature et de la vérité ; il
cherche avant tout à faire de l'effet ; il y parvient, mais je
ne lui en fais pas un mérite : un fer brûlant sur les doigts,
un coup de poing dans le dos, un coup d'épée dans la poitrine, un seau d'eau glacée sur la tête, une décharge de ca-
non à deux pas de l'oreille, font certainement beaucoup
d'effet ; est-ce à dire que cet effet soit agréable ? Certaines
saveurs âcres font grincer les dents ; les portraits de M. Couture font grincer les yeux. Par quels moyens obtient-il cet
éclat phosphorescent plaqué sur ses visages comme s'ils
étaient frappés par l'éblouissant reflet du soleil dans une
glace ? Je laisse cette question aux peintres ; c'est à eux de
suivre sur la toile les traces visibles d'une manipulation la-
borieuse ; moi, je déplore ce travail employé à produire le
faux. C'est bien peu de chose que le sens commun ; j'ose à
peine l'invoquer pour rappeler que, dans la nature, chaque
objet, vu à la distance où l'œil peut distinguer les détails,
se présente sous son aspect propre et avec des surfaces qui
n'affectent pas la vue d'une même façon ; la peinture répond
à cette diversité de la nature en consacrant une touche spé-
ciale à chaque espèce d'objet reproduit ; c'était, du moins,
autrefois ainsi ; mais *nous avons changé tout cela :* un artiste
ayant trouvé, il y a quelques années, un procédé qui rend
fort bien les aspérités des terrains et des murailles, voici que

M. Couture en applique un semblable pour peindre non-
seulement la peau unie et lisse, mais les cheveux, le linge,
les habits; grâce à cette découverte, tout le monde a des
boutons et la petite vérole : il n'y a plus que des cheveux de
laine et des habits troués ; puis, pour achever l'effet, les
fonds sont égratignés, scintillants, remuants, avancés jusqu'au niveau du plan des figures, au moins, et une sorte de
losange lumineuse les coupe à la hauteur des visages. Ces
audacieux mensonges sont exécutés avec une rare vigueur, et,
on doit en convenir, pour se livrer à des jeux pareils, il faut
avoir du talent. Quand il sera fatigué de ces exercices, M. Couture pourra faire de bons tableaux, comme il en a déjà fait.

Un inconvénient de la peinture qui vaut surtout par le
procédé matériel, c'est qu'avec de la patience et de la dextérité tout le monde y parvient. Voyez, par exemple,
M. Hoffer, élève de M. Couture ; il approche beaucoup de
son maître dans le portrait de Mlle Brohan : il lui est même
supérieur dans quelques parties peintes raisonnablement et
bien touchées.

M. Lehmann n'invente pas de nouvelles pratiques, mais il
invente des types, et surtout des yeux de femme comme il
n'en existe pas, et des teints d'un gris noir comme il n'en
existe guère, heureusement; la dame à laquelle il a prêté ces
deux sortes de beautés a, de plus, une expression étrange,
qu'on trouve peu dans le monde. M. Lehmann a voulu com-
penser l'excès du gris des chairs par la richesse des couleurs
d'un superbe châle rouge ; c'est une belle étoffe, qui fait tort
à ce qui l'entoure. Du reste, les mains sont d'un joli modelé
et les draperies d'un bon rendu. M. Lehmann a aussi un portrait d'homme bien campé, mais traité d'une manière un peu
rude.

Comme M. Pérignon, dont les ouvrages de cette année sont tristement médiocres, à l'exception d'une jolie étude de femme, le livret dit de *Paysanne bretonne*, M. Chaplin semble menacé par ses succès précédents; en outrant les qualités qui l'avaient fait réussir, il les tourne en défaut; il avait une touche large, il se fait une touche pesante; il étale ses couleurs par plaques comme des écailles : il avait évité le brillanté, il tombe dans le sale; il fuyait le maniéré, il arrive au commun. Son dessin n'est pas toujours soigné : ainsi les deux mains de l'homme debout, qui tient un livre fermé, n'appartiennent certainement pas à la même personne. Que M. Chaplin se recueille et s'observe; il a un accent de vérité qui le sauvera s'il travaille sérieusement.

M. Court a une plus ancienne réputation à conserver; ses portraits ont eu une grande vogue, quelquefois méritée; son œuvre capitale du salon actuel, il faut le dire franchement, ne le maintient pas à la hauteur de son ancienne renommée. Il avait un beau modèle dans la tête accentuée, expressive et bienveillante de Msr l'archevêque de Paris; au lieu de demander l'effet à la beauté morale de la physionomie, il l'a cherché dans la pompe des accessoires : le prélat est d'une taille peu élevée, et il l'a écrasé sous d'immenses draperies; le sujet exigeait une couleur sévère, et il a couvert sa toile d'un énorme rideau vert cru, d'un fauteuil, d'un coussin, d'un tapis de table du même ton criard; au delà d'un jardin (encore du vert) on entrevoit les tours de Notre-Dame, et, au milieu de tout cela, sous un riche costume, se perd, sans valeur de relief, une tête que l'artiste a eu le malheur de faire insignifiante.

Après avoir peint, sous prétexte de portraits, des énigmes à peu près indéchiffrables, Mme O'Connell pastiche maintenant Rubens ; l'imitation est surtout sensible dans son propre portrait ; elle y emploie le costume du 17ᵉ siècle et se donne un bras, une manche et une main littéralement copiés sur le grand maître. Le talent qui s'abdique, même devant le génie, fait fausse route, et sa servilité, si elle n'est pas un jeu joué, l'aura bientôt perdu.

M. Courbet a horriblement enfumé un de ses compatriotes ; il n'y a rien à dire, sinon que M. Courbet a voulu se faire remarquer par un portrait mauvais, comme il s'était fait remarquer, il y a un an, par un très-bon portrait. Que de peine on se donne pour se faire du tort !

Il ne manque pas, heureusement, de peintres de bonne foi qui suivent naïvement leur propre sentiment, sans se préoccuper du bruit qu'ils pourront faire ou de la vogue qu'ils auront chance d'obtenir : les uns, par une prédisposition naturelle ou par une préférence réfléchie, s'attachent plus aux lignes, les autres ont plus de souci de la couleur. Les dessinateurs d'abord : dans leurs rangs se distingue M. Borione, à qui on doit un portrait, de grandeur naturelle et à mi-jambe, du prince Président de la République. L'élève de M. Ingres a déployé dans cette œuvre les qualités de son école, le trait étudié, le caractère sérieux, l'élégance et la noblesse, le fini des détails ; on regrette quelque sécheresse dans les chairs, et je ne sais quoi de saccadé dans les plans de la tête, ainsi qu'une pâleur morne qui n'est pas plus dans le modèle qu'elle ne se trouve, j'en suis certain, dans les figures de femmes et d'enfants qui ont posé devant M. Louis Boulanger : cet artiste, incontestablement habile, a eu, cette année, le malheur de ne peindre que des malades, ou le tort d'enlever la santé aux personnes dont il attriste ainsi l'image ; les contours sont bien étudiés, tous les

objets bien peints ; il ne manque que la vie. M. Amaury
Duval anime un peu plus, mais il reste froid, tant il laisse
voir le travail pénible, la recherche du fini, la crainte du
mouvement, soit dans les teintes, soit dans l'emploi de la
brosse. M. Signol a fait avec le même soin un portrait de
jeune fille, où l'on reconnaît un grand savoir, mais où la
sagesse de la pensée a nui à la hardiesse de la main ; le modelé y est à peine accusé ; c'est exact, et non pas vrai ; car
on ne voit pas la séve qui coule, la vie qui sourit dans les
yeux et sur les lèvres ; de plus, M. Signol, ordinairement
harmonieux, est sorti de sa réserve habituelle pour donner
aux vêtements et aux accessoires des tons discordants qui
vous irritent les nerfs. Les deux femmes peintes par M. Jobbé
Duval ne se plaindront pas d'avoir été flattées ; on pourrait,
sans déroger à l'art sérieux, donner plus de charme au pinceau et choisir des attitudes moins anguleuses, plus simples
et plus gracieuses. Sous ce rapport, on doit des éloges à
M. Faivre Duffer ; ses deux dames sont d'une facture ai-
mable, sans prétention et de bon goût.

Les coloristes ont au salon de dignes représentants. M. Ricard a une manière de fondre les nuances qui reproduit la
vie dans toutes ses variétés ; il rend, avec une égale vérité,
la fraîcheur de la jeune fille, la carnation vigoureuse de la
femme, le teint travaillé de l'homme fait ; toutes ses figures
brillent d'une individualité saisissante ; elles sont naturelles
et pouvaient se passer de la singularité des costumes par
lesquels il a cru en relever la simplicité. M. Laugée a exposé un portrait de vieille femme, d'une vigueur et d'une
harmonie de tons fort remarquables ; il pourra et devra
corriger les mains, qui sont lourdes et noires ; elles dépa-
rent un bon ouvrage. M. Vetter a voulu prouver qu'il pos-

5.

sédait la lumière dorée et la lumière blanche; il a donc placé sous je ne sais quel jour factice, d'un jaune ardent, une vieille dame peinte très-franchement dans cette donnée fausse, et il a fait courir sous un soleil d'une blancheur blafarde un jeune garçon magnifiquement vêtu pour jouer au cerceau; ce second portrait est moins bien réussi; je plains le modèle s'il a des yeux et une bouche aussi mal ensemble que M. Vetter les a faits. M. Verdier a un portrait d'homme très-carrément et très-largement peint; seulement il faut se reculer pour ne pas voir sur cette toile les fâcheux résultats du procédé brutal qu'emploie M. Verdier. C'est aussi à la couleur, mais non à la couleur seule, qu'est due l'heureuse impression des portraits de M. Ange Tissier; ils ont du relief, de la vigueur, et rappellent les Espagnols; ils seraient vrais si l'artiste leur avait ôté complétement les traces de la pose, qui donnent à la physionomie quelque chose d'apprêté, d'inaccoutumé, de grimaçant.

J'aime les peintres qui, sans parti pris, sans préoccupation exclusive de la ligne ou du coloris, se placent dans une région moyenne où souvent ils trouvent la vérité, parce qu'ils la poursuivent en toute conscience; ils n'ont ni les hardiesses qui créent des sectes, ni les défauts brillants qui éblouissent la foule; ils savent étudier avec soin et exécuter avec une sobriété qui satisfait. A cette classe d'hommes engagés dans une bonne voie appartient M. Benouville; son portrait de femme plaît par l'harmonie paisible, par la finesse et la vérité des tons, par une rare délicatesse dans la pratique du clair obscur, surtout au cou, à la naissance des cheveux, à la poitrine. Cette jolie figure est un peu serrée dans un cadre trop étroit. M. Charles Lefebvre, lui, a pris tout l'espace qu'il lui fallait pour son portrait en pied de M. le baron Taylor, et il l'a fort bien rempli : la ressemblance est complète ; la tournure, la physionomie, sont parfaitement saisies ; des accessoires significatifs, assez rendus pour donner le caractère, pas assez pour usurper une importance qu'il ne doivent jamais avoir, font aussitôt reconnaître le savant, l'artiste, l'administrateur. Ce bon portrait a un défaut, qui ne tient pas à l'exécution, mais à la pensée. On lui trouve quelque chose de solennel, de théâtral. M. Taylor, dit-on, quand il est seul dans son cabinet, ne pose pas avec ce regard animé, avec la main sur son cœur, comme un acteur qui répète son rôle ; on aurait raison, si, au lieu d'un portrait en action, M. Lefebvre avait peint un portrait au repos ; il est évident que si M. le baron Taylor parle et agit comme le peintre l'a représenté, il parle à quelqu'un, il agit devant quelqu'un ; le tort de M. Lefebvre a été de supposer les auditeurs au lieu de les montrer. Dès qu'on met un personnage en action, il faut, de toute nécessité, faire comprendre la scène. M. Rodakowski a satisfait à cette loi ; il a voulu représenter le général Dembinski un jour de bataille : il a indiqué des troupes dans le lointain, et il a assis son modèle sous une tente, méditant ses plans de stratégie. Le vieux guerrier a une de ses mains qui soutient sa tête pensive, l'autre repose sur son sabre : quand il aura réfléchi et décidé, il ira se battre ; cela est clair, et immédiatement intelligible. Les chairs, les étoffes, les broderies, tout est d'une exécution ferme et juste ; la tête seulement est trop lumineuse pour le plan où elle se trouve, et la main portée sur le sabre est démesurément forte.

M. Larivière a bien rendu, quoique avec un faire un peu maigre, la figure fine de M. Bineau ; on lui doit aussi le portrait, ressemblant, du vénérable maréchal Exelmans. M. Henri

Scheffer a bien pris la ressemblance de M. Billault, mais il n'a pas reporté sur la toile le sourire gracieux et malin, l'expression bienveillante et spirituelle de M. le président du corps législatif.

Après avoir mentionné, parmi les ouvrages estimables, les portraits dus à MM. Decaisne, Gosse, Fontaine, Timbal, Hussenot, Planchet, Antoine Faivre, Mlles Dimier et Rosalie Thévenin, je dirai à Mme Haussmann qu'elle a donné beaucoup de souplesse et de naturel au corps de son portrait de femme, qu'elle a bien composé, mais qu'elle devra porter tout l'effort des bonnes qualités qu'elle paraît posséder sur la représentation des têtes, afin que cette partie essentielle ne soit pas, dans ses œuvres, inférieure au reste. Je dirai à M. Léman que ses deux portraits d'homme et de femme annoncent de bonnes études, bien dirigées; il est dans le vrai, et, en continuant d'observer, il arrivera à débrouiller les plans de ses figures, à balancer ses lignes, à placer et à costumer avantageusement ses modèles, en un mot, il acquerra ce que l'expérience donne.

J'aurais parlé depuis longtemps de M. Jollivet, et l'aurais placé, parmi les portraitistes, au rang qui lui appartient, s'il avait exposé un véritable portrait; mais il nous a donné un portrait-étude, composition à part, moitié nature, moitié fantaisie. Ce mélange est autorisé par de nombreux et illustres exemples; malgré de grandes autorités, je ne le crois pas bon. Si vous faites une étude, prenez un modèle quelconque : donnez-lui le sens qu'il vous plaira; ce sera un type général, non une personne déterminée; si, au contraire, vous tracez un portrait, vous devez tout indivi-ualiser, ressemblance physique, caractère moral, attitude, costume : il faut que ce soit telle personne et non telle autre. Avec le portrait-étude, et grâce aux caprices des jolies femmes, nous reviendrions aux marquises en Diane, aux duchesses en Vénus. La dame que M. Jollivet a peinte n'a pas prétendu au rôle de déesse comme sa beauté lui en aurait donné le droit ; elle s'est contentée de se faire représenter en simple mortelle à l'antique. Elle a rencontré l'artiste qu'il lui fallait, un savant qui connaît les anciens comme un membre de l'Académie des inscriptions et belles-lettres, et qui sait à fond tous les procédés de son art ; aussi a-t-elle pu bientôt voir ses beaux cheveux noirs s'orner d'une gracieuse couronne de lierre, son corps se draper d'une étoffe souple et légère, son bras blanc montrer la pureté de ses formes, ses jolies mains tenir les tablettes et le stylet ; elle s'est trouvée dans un riche appartement à l'architecture élégante ; elle a dû se plaire à cette transformation : le public a fait comme elle, et les connaisseurs comme le public. M. Jollivet a peint dans un parti pris de tons tranquilles qui n'excluent pas la vigueur ; tous ses détails sont d'un goût exquis et d'un excellent travail. Puisqu'il faut que la critique ait aussi la parole, je dirai que j'aime peu la ligne droite d'architecture qui, malgré l'éloignement du plan, semble porter sur la tête de la personne, que le corps ne me paraît pas s'accuser également partout sous les plis de la robe, et que la main et le bras gauches n'ont pas une entière pureté de dessin.

M. Baumes a donné comme étude un portrait de femme, peint de profil, d'un dessin serré, et traité avec une sorte de simplicité honnête qu'on aime à trouver et qu'on doit encourager. Ce n'est pas par la simplicité que se distingue une étude de jeune fille normande par M. Dubuffe père, qui, en représentant, à sa manière, cette belle et forte femme, a eu du moins le talent de poétiser et de rendre coquet le vulgaire bonnet de coton.

Sous le titre, peu justifié, de *Démocrite enfant*, M. Boulanger a fait une sorte de petit pâtre nu, d'un aspect sinis-
tre, d'une couleur de brique, assis ou plutôt accroupi, et
détaché sur un ciel du bleu le plus cru qui se puisse voir.
Si M. Boulanger, au lieu de se singulariser ainsi, s'était borné
à étudier une créature humaine au vrai, on pourrait louer le
dessin et le modelé de quelques parties de son travail.

Il y a un joli sentiment dans les deux études de petites
filles de M. Antigna : mais pourquoi ces types d'une trivia-
lité repoussante ?

Mlle Eudes de Guimart a donné le nom d'esclave chrétienne et d'esclave musulmane à deux études de femmes peintes d'une main ferme ; on y voudrait un modelé plus marqué, et des intentions moins mélodramatiques dans le geste et
l'expression.

Les études de corps de femmes servent souvent de prétexte
à des nudités comme on en voit dans toutes les expositions ; il
y en a cette année quelques-unes qui sont plus ridicules encore qu'indécentes : je rends service à leurs auteurs en ne
les signalant pas. J'excepte, parce que j'y vois une idée
d'art et des preuves de talent, *la Cléopâtre* de M. Berthet,
petite figure d'un bon travail ; si le dessin et le caractère
n'en sont pas irréprochables, la couleur des chairs, le ton
des draperies, le style des accessoires attestent beaucoup de
goût et une vraie pensée d'artiste. Plus de prétention et moins
de talent dans la grande figure vue de dos que M. Boutibonne
a nommée *Béatrix Donato ;* cette dame, assez jolie, mais
maniérée, se retourne pour voir on ne sait quoi, se tient, on
ne sait comment, sur une jambe sans aplomb, et, au sortir
du bain, s'enveloppe d'une masse d'étoffes, alourdie encore
par un énorme rideau, le tout imaginé pour produire des

effets vénitiens et flamands. En visant moins haut, M. Boutibonne aurait peut-être atteint le but; il y a du danger à
se montrer trop pressé de faire comme les maîtres.

Sujets divers (anecdotiques, fantastiques, familiers, etc.).
MM. *Antigna, Martin, Jobbé-Duval, Duveau, Schützem-
berger, Verdier, Meissonier, Plassan, Fauvelet, Chavet,
Lafon, Billotte, Jalabert, Frère, Cabanel, Chassériau, Hédouin, Roqueplan, Penguilly, Luminais, Ternante, Desjobert, Duval-Lecamus père, Bonvin, Vignon, Verlat, Caraud, Leman, Schopin, Gendron, Brion, Adolphe Leleux.*

Les artistes qui ont imaginé de s'intituler peintres d'histoire, se sont posés en gentilshommes de l'art; ils ont, du
haut de leur dédain, qualifié *genre*, sans doute parce qu'elle
ne méritait pas un nom à part, toute peinture autre que la
leur, comme jadis l'insolence nobiliaire traitait d'*espèces* les
gens qui, n'étant pas nés, ne comptaient pas dans la société.
Le mot n'est pas encore abandonné : il a cours dans le
monde, on l'admet dans les catalogues et sur les livrets; on
l'a même aggravé d'une épithète qui le rend un peu plus
inintelligible : on a inventé le *genre historique*, c'est-à-dire
le genre qui est de l'histoire, l'histoire qui est du genre !
Laissons tout cela. Chaque peinture appartient à un genre
qui se détermine par la nature du sujet traité. Entre ces
genres les rangs se marquent par la grandeur de l'idée, et,
surtout, par le talent. La variété des sujets qui s'offrent aux
peintres, en dehors des tableaux religieux ou historiques,
des portraits et des paysages, n'est pas seulement un trésor

inépuisable pour l'imagination qui crée, elle est une source de plaisirs sans cesse renouvelés pour la curiosité qui regarde et qui cherche. Sous des formes accommodées à nos mœurs et à nos habitations, ce mode de peinture nous jette dans les rêves du monde imaginaire ou nous intéresse aux représentations du monde réel, nous fait assister aux fêtes de l'opulence ou nous met en face des douleurs de la pauvreté, nous introduit dans les salons ou monte avec nous dans les mansardes, se promène dans les rues ou s'enferme au coin du feu, rit avec les belles dames vêtues de velours et de soie, ou pleure avec les gens en haillons, raconte des histoires du temps passé ou montre des scènes du temps présent ; c'est, en raccourci, le drame ou la comédie de la vie humaine. N'y a-t-il pas là de quoi peindre, de quoi intéresser ?

Quant au choix et à la manière de concevoir et de rendre, liberté entière, dans les limites du vrai et de la convenance ; c'est ici surtout que le poëte dirait avec raison :

Tous les genres sont bons, hors le genre ennuyeux.

J'ai parlé de convenance ; c'en est une de ne pas donner à la représentation de scènes familières des proportions grandioses : un sonnet tient dans une page ; un vaudeville paraît ridiculement petit sur le théâtre de l'Opéra ; il n'y aurait rien de plus absurde qu'une élégie en un volume in-folio. On n'oublie pas cela impunément. M. Antigna n'a pas gagné à peindre en grand un toit de chaume où se réfugient des paysans poursuivis par l'inondation ; son tableau est dix fois grand comme *le Déluge* de Poussin ; et cependant !... Pour émouvoir avec une telle donnée, il faut animer et varier les types des figures ; M. Antigna prête à tous ses personnages à peu près la même expression, à tous les objets la même teinte, et il laisse trop voir le procédé de sa brosse, qui consiste à opposer quelques tons très-lumineux à une masse de tons bruns et sales.

L'intention qui a engagé M. Martin à peindre sur une immense toile la mort de M. Granet, son illustre maître, est des plus louables : plus simple, l'hommage eût été mieux accueilli ; éclairée d'une manière moins fantatisque, la scène aurait été mieux comprise ; on ne se reconnaît pas à travers ces ténèbres volontaires, on ne distingue pas à quelle époque et à quel pays appartiennent les personnages, on ne se rend pas compte de l'expression de leurs traits. Autant qu'on en peut juger à la lueur d'une lampe cachée par une tête et reflétée sur un rideau rouge, la peinture de M. Martin ne manque pas de vigueur; elle en a même trop, si on peut donner ce nom à une accentuation mal réglée. D'autres ouvrages nous prouveront sans doute que l'élève mérite toute la confiance dont l'honorait M. Granet.

La Fiancée de Corinthe, une jeune fille qui maudit sa mère parce qu'elle ne veut plus la donner au fiancé aimé, touchante fiction de Gœthe, se traduisait naturellement par un de ces jolis tableaux comme en a fait M. Hamon. M. Jobbé-Duval y a trouvé l'occasion d'une grande machine traitée d'une façon plus que sévère et moins que correcte. Le jeune homme appuie contre sa fiancée un thorax très-peu régulier ; la jeune fille lève sur sa mère un bras tout court et tout maigre, et sa silhouette se projette en ombre portée avec une précision presque comique : les plis des vêtements sont ou minutieusement tuyautés ou péniblement contournés; quant à la couleur, c'est un camaïeu brun, relevé par des lumières plus vives que le foyer qui les produit.

Les tons gris-jaune ont été préférés par M. Duveau; ses *Pêcheurs naufragés* rappellent, au premier abord, les naufragés de la Méduse : des malheureux mourant de faim sur un plateau de rochers battus de tous côtés par la mer, ressemblent assez à des malheureux mourant de faim sur un radeau. Le souvenir de Géricault est ici fâcheux; il fait trop comprendre les torts de la composition de M. Duveau. Les passagers de la Méduse sont serrés les uns contre les autres ; ils n'ont qu'une pensée, qu'un espoir, le peu de vie qui leur reste semble commun à tous ; sur les rochers bretons, au contraire, tout le monde est dispersé; chacun souffre, attend ou meurt pour son compte : point d'intérêt général, et, au lieu d'une composition une et liée, vous avez une collection d'études plus ou moins réussies. On loue le dessin de deux corps de femmes, l'une qui s'étend avec la roideur de la mort, l'autre qui se tord dans les convulsions du désespoir; c'est, en effet, ce qu'il y a de mieux dans cette grande page ; ce n'est pas assez pour faire oublier les figures où l'on reconnaît la vulgarité inintelligente du modèle d'atelier, d'autres qui n'ont point de corps sous leurs habits, les monstrueuses pierres qui cachent l'immensité de la mer, et l'épaisseur cotonneuse des flots. M. Duveau a trop de talent pour qu'on ne lui dise pas franchement qu'il n'a pas atteint l'effet qu'il poursuivait : les choses terribles lui ont réussi plusieurs fois; mais il est temps pour lui d'abandonner les noyés et les pestiférés. S'il aime les Bretons, qu'il continue de leur emprunter des scènes de mœurs : ils sont riches et peuvent fournir. Ils lui ont donné, cette année même, un charmant sujet qui lui a porté bonheur, *le Cierge bénit.* « Lorsqu'elle recherche le corps d'un noyé, dit le livret, la famille s'assemble: un pain est apporté ; on y fixe un cierge

allumé, et on l'abandonne aux vagues ; le doigt de Dieu con-
duira le pain au lieu même où gît le cadavre du mort, et
sa famille, ainsi avertie, pourra l'ensevelir en terre sainte. »
Ceci est encore triste, mais ce n'est plus horrible ; M. Du-
veau a mis parfaitement en action cette touchante superstition ; le vieillard qui allume le cierge a du recueillement ;
l'enfant, à côté de lui, n'est presque rien que curieux ; les
jeunes femmes à genoux ou appuyées sur le rocher ont une
douleur démonstrative et vraie : tout, sur cette petite toile,
est sentiment et délicatesse ; je ne lui reproche qu'une élégance trop peu paysanne, et l'emploi exagéré, inutile, de
l'éternel coup de vent que M. Duveau donne toujours à ses
cheveux de Bretons ; on a remarqué que si le vent était
assez fort pour soulever ainsi une chevelure, il aurait bien
vite éteint le cierge bénit. L'observation est menue, si on
veut ; elle prouve seulement que les peintres doivent penser
à tout.

Un jeune homme, nouveau venu, qui a débuté l'année
dernière par une composition remarquée et récompensée,
M. Schutzemberger, s'est trop souvenu que son œuvre du
précédent salon était taillée en grand, et il a jeté en grand
aussi une scène qu'il aurait dû réserver à de petites dimensions, des *Pêcheurs sur le Rhin*. Du reste, tout y est bien observé, bien rendu : dans sa vérité, le costume du paysan allemand a de la grâce et de l'agrément ; le batelier de M. Schutzemberger rame avec un mouvement juste ; l'enfant, au milieu du bateau, repose dans toute l'insouciance de son âge ;
le pêcheur qui lance le filet a un beau geste ; mais l'attitude
était difficile, et le bras en raccourci n'a pas surmonté la
difficulté : cette figure a un faux air d'un pêcheur de Léopold Robert ; toutefois le Rhénan n'est pas ferme et beau

comme un Vénitien. Quoique l'aspect brumeux soit bien celui des bords du Rhin, l'espèce de brouillard qui atténue les lointains et adoucit toutes les lignes n'aurait pas dû empêcher de donner plus de vigueur aux objets du premier plan.

Il n'y a presque que des éloges pour *le Printemps* de M. Schutzemberger ; c'est un bouquet d'une fraîcheur délicieuse, du parfum le plus suave. Personne ne demande qu'est-ce que cela ? Il est impossible de ne pas le reconnaître au premier coup d'œil : ces arbrisseaux à peine couverts des premières feuilles, ces fleurs blanches qui tremblent à l'air, ce gazon naissant, c'est le printemps de la nature ; cette jeune fille appuyée sur l'épaule d'un jeune garçon qui cueille des fleurs pour les joindre à celles qu'elle a déjà dans sa main, c'est le printemps de la vie ; ces deux printemps s'épanouissent ensemble. La jeune fille a une robe rose d'un ton charmant, qui, ainsi que le vêtement blanc qu'elle recouvre, reçoit du vent un mouvement caressant aussi pittoresque que poétique ; à cette créature si gracieuse on voudrait un pied plus délicat et plus blanc, une épaule moins forte, un profil plus fin et d'un contour moins accusé. Le jeune homme n'est pas aussi satisfaisant ; le ton de sa tunique n'est pas franc, son torse se dissimule. J'aime à répéter que cet ouvrage est d'un sentiment exquis, d'une naïveté sincère : puissent ces heureuses qualités se conserver ! M. Schutzemberger a aussi exposé *l'Automne* symbolisé par deux femmes, dont une malade, qui se promènent sous des arbres déjà sans feuilles. Il y a moins de poésie et de charme dans ce tableau que dans l'autre ; mais l'harmonie en est douce et le fond très-bien traité.

Le Découragement de l'artiste, par M. Verdier, ne se comprend guère : un peintre tient sur ses genoux une femme peu vêtue et dont on voit les belles épaules découvertes ; il n'y a pas là de motif de se désoler. Quelle que soit le mot de l'énigme écrite en grands caractères, le dos est très-beau, l'ensemble d'une bonne et ferme couleur. M. Verdier a aussi un *Départ de conscrits*, production merveilleusement lumineuse, mais insolemment ébauchée ; il s'y trouve des grossièretés de pinceau qu'en vérité on se permet à peine dans le premier emportement de l'improvisation ; ces choses-là ne se doivent jamais montrer au public.

Des trop grandes toiles on arrive tout naturellement, par la pente des contrastes, aux petits bijoux de M. Meissonier. Le talent de M. Meissonier est tout individuel ; doué de facultés éminentes du regard et de la main, il ne s'enseigne pas, ne se transmet pas : il ne fera pas école, mais il a de nombreux imitateurs ; c'est le malheur du succès. Le maître, du reste, dépiste ceux qui le suivent ; car il n'a pas seulement une manière, celle que l'on copie aujourd'hui plus ou moins bien ; le voilà qui entre dans une nouvelle voie. Son petit écolier, vêtu de noir, accommodé proprement à la Louis XV, travaillant dans une chambre à vieilles tapisseries, entouré de vieux livres, est une variation du mode si habilement soutenu par M. Meissonier : même vérité de physionomie, même perfection dans le détail, même touche à la fois large et microscopique, et aussi mêmes défauts de perspective, mêmes fonds trop accidentés et trop faits : c'est bon, c'est excellent, mais c'est toujours la même chose. Les deux bravis, ces brigands qui attendent de sang-froid leur victime à la porte d'où elle va sortir, sont traités tout autrement et n'en valent pas moins. Quant au gentilhomme qui essaye une épée, c'est de tous points un chef-d'œuvre ; expression de tête, tournure, harmonie de tons, variété de touche, imitation poussée jusqu'à l'illusion, tout est là dans une supériorité d'exécution qui défie les plus beaux hollandais, et Teniers, dans ses meilleures œuvres, n'a peut-être rien de plus fort et de plus fin.

Quant aux imitateurs, c'est M. Plassan qui paraît s'approcher le plus près du modèle ; M. Meissonier n'a pas fait beaucoup mieux que la dame à son déjeuner servie par sa femme de chambre, et surtout que la femme qui met son brodequin ; M. Fauvelet lâche son dessin et fait crier sa palette ; M. Chavet dispose à merveille ses petits personnages : il devrait les habiller d'étoffes moins lourdes, et leur épargner les tons gris-bleu ; M. Lafon a de la gentillesse, mais il fait trop sec ; comme ses confrères en jolies mignardises, M. Billotte vit dans les dentelles, les velours, les soies et les paniers du 18e siècle : il a raison pourtant de ne pas s'enfermer dans ce cercle tout conventionnel ; ce qu'il a de moins bien, c'est une scène de cette époque, qu'il intitule *le Reproche ;* la roideur d'un mari géant et l'attitude disgracieuse d'un diminutif de femme produiraient une impression insupportable sans l'agrément du coloris ; M. Billotte est plus naïf, plus correct, dans ses soldats attablés, et dans sa jeune femme qui travaille, assise dans un fauteuil ; j'aime cette figure d'une harmonie calme, presque terne : quelques parties, les mains, par exemple, auraient besoin d'être éclaircies, et quelques étoffes blanches manquent de légèreté ; je ne fais ces observations que parce que je voudrais trouver irréprochable un travail qui me plaît.

Maintenant, permettez-moi de parcourir au hasard les salons et les galeries du Palais-Royal, et de vous parler, sans ordre, de ce que j'y rencontrerai ; c'est un voyage comme celui de la vie, varié, quelquefois gai, souvent ennuyeux ; on ne peut pas toujours choisir : il faut s'arranger de ce qu'on trouve, et se féliciter quand on trouve du bon.

Je me sens d'abord attiré vers une charmante petite figure italienne ; que son costume romain est pittoresque ! comme sa tête est belle, d'une beauté virginale ! Ses yeux baissés regardent ses mains qui tricottent ; la pensée ne suit pas le regard : quelque rêve la porte ailleurs. La belle fille a la peau noircie, mais le soleil a doré, sans l'altérer, son élégance naturelle. Et puis, la solitude de ce jardin où elle descend est si engageante ! la vue s'étend sur des fabriques et des arbres si imprégnés d'air tout italien ! Le ciel est bleu et chaud, scintillant et reposé. M. Jalabert a fait de sa *villanella*, une œuvre excellente de style et de facture : il lui reste seulement à mieux marquer, sous les plis de la robe, la direction de la jambe, à mieux accentuer le mouvement de la marche.

En quittant ce ciel splendide, ce type si pur, je tombe dans une cuisine, dans un atelier et dans une mansarde : les habitants n'en sont pas beaux, et cependant ils plaisent, parce que M. Frère les a faits tels qu'ils sont, parce qu'il y a du charme dans les soins domestiques, dans le travail exécuté de bon cœur, et surtout dans le culte de la famille. Pour sa cuisine et son tonnelier, M. Frère s'est peut-être inspiré de Chardin, dont il cherche le coloris tranquille, et dont il atteint le naturel ; mais pour sa petite fille qui monte sur une chaise et attache une couronne à un crucifix placé au-dessus de la cheminée d'une chambre entièrement nue, il ne s'est inspiré que de lui-même ; aussi est-ce ce qu'il a fait de mieux. Ce morceau marquera dans son œuvre.

Emu du spectacle des sentiments et des travaux popu-

laires, je contemple assez froidement une Velleda de M. Cabanel ; elle a pourtant une physionomie mélancolique ; sa
beauté sauvage, heureusement harmonisée avec un paysage
sombre , fait impression. Je ne dirais rien du dessin
douteux d'une jambe, si cela ne me conduisait à une remarque dont beaucoup de peintres pourraient profiter. Quand
on représente une femme habituée à marcher pieds nus à
travers les sables et les rochers, pourquoi prendre des modèles habitués à s'enfermer les pieds dans des chaussures
étroites ? Il en résulte un désaccord visible, et qu'on pourrait aisément éviter.

Puisque M. Eugène Delacroix n'a rien exposé, voici deux
tableaux qui ne peuvent être que de M. Chassériau ; il n'y a
que lui pour copier ainsi M. Delacroix. S'il ne croit pas à
la critique, que M. Chassériau n'écoute que son intérêt, et
suive une bonne fois la pente réelle de son talent ; qu'après
avoir imité deux maîtres tout opposés, il se cherche enfin lui-
même. Son rôle actuel d'imitateur ne lui porte pas bonheur ;
des deux choses qu'il emprunte à M. Delacroix, l'une est facile, l'autre mauvaise. En étudiant le procédé, on vient à
bout de poser des tons, de glacer, de rompre, de fatiguer la
pâte, comme tel ou tel peintre. Tout le monde sait que
Teniers pastichait avec une merveilleuse facilité ; est-ce là
ce qui a fait sa gloire ? Ensuite, un mal, un danger immi-
nent, c'est de se dispenser de dessiner, sous prétexte de laisser dans toute la franchise de son premier jet un mouvement trouvé ; il faut s'entendre : le mouvement est l'affaire
de l'esquisse, et, quelle que soit la prétention qu'on puisse
avoir aujourd'hui à la spontanéité, je défie qu'on mette dans
la première expression de sa pensée plus de fougue qu'on
n'en admire dans les traits rapides que nous avons des Ita-

liens, de Poussin, de Gros, de Géricault; ces grands artistes se croyaient-ils pour cela autorisés à la négligence? Autre chose est l'esquisse, autre chose le tableau. Le mouvement ne perd rien à être rendu correctement, et il ne saurait jamais excuser les attaches impossibles, les mains ou les pieds fantastiques, les membres monstrueux. Cela dit, je louerai bien volontiers dans les Arabes de M. Chassériau, un beau caractère, une expression fière, une tournure puissante; dans sa Desdemona un sentiment noble et tendre, une lumière douce et triste.

A quelques pas, je trouve un jeune coloriste inexpérimenté, M. Hédouin, qui peint chaudement une soirée en Afrique; le temps lui donnera l'assurance de la main; il en a besoin. Un peu plus loin, un autre coloriste, M. Roqueplan, se montre, dans une vue des Pyrénées, animée par de très-heureuses figures, plus brillant et plus solide qu'il n'a été depuis longtemps; aurait-il répudié définitivement les afféteries, les fausses naïvetés, et aurait-il enlevé de ses brosses les tons bleuâtres et malpropres dont il frottait jadis les chairs les plus roses?

A côté de lui, M. Penguilly fait remarquer l'originalité sincère de son talent. Il rêve avec son Breton dans les ruines d'une chapelle; mais d'où peut venir ce gris général des terrains, des arbres, des pierres, de l'homme? M. Penguilly caractérise à merveille Calvin dans une petite toile étrange où une fenêtre carrée, occupant le centre du fond, éclaire à peine une chambre nue et un homme assis méditant à côté d'une table couverte d'un tapis; tout est sombre, sec, anguleux dans ce réduit. M. Penguilly a volontairement péché contre les lois de l'optique; la table n'est point en perspective : son bord antérieur présente une saillie impossible

4

eu égard au point de vue ; mais pour faire juste, il aurait fallu sacrifier la rigidité d'une ligne utile à l'effet moral. Quiconque a vu la mer la reconnaît dans *l'Approche d'une tempête à la marée montante ;* cette eau noire, qui arrive poussant devant elle sa ligne d'écume blanche, c'est la nature même ; les masses de rochers brisés alourdissent un peu le premier plan. M. Penguilly a donné un bien meilleur sentiment de l'immensité par les petites proportions du groupe qu'il a placé sur la plus haute des roches : c'est une mère qui s'efforce de voir au loin et dont on devine les angoisses ; c'est un petit garçon qui grimpe sur la grosse pierre, et deux petites filles, l'une assise par terre, l'autre restée debout quoique frappée par le vent. Ces figures ont une telle exactitude de mouvement, que l'on comprend tout aussitôt leur sentiment et leur rôle.

Un autre Breton, M. Luminais, a mis beaucoup de naturel et de vigueur dans ses petits *Chercheurs de homards.* Je ne m'explique guère son berger dont le visage est entièrement caché par une énorme chevelure rousse, tandis que son chien regarde le public en face.

Le *Saltarello* de M. Ternante manque de solidité, et se produit sous je ne sais quel jour éteint qui ne ressemble guère au ciel d'Italie ; mais la plupart des figures sont bien dessinées, et quelques-unes ont un joli caractère.

Avec plusieurs blocs de pierre jaunâtre, posés sur un terrain nu et sec, et avec un ouvrier occupé à scier, M. Desjobert a fait un petit tableau qui attire et intéresse.

On reconnaît la justesse d'observation, l'habileté d'arrangement et la finesse d'exécution de M. Duval Lecamus père dans *la Vente de la marée au retour de la pêche.*

M. Bonvin affectionne les scènes où figurent les religieuses ; il redit cette année son motif d'un intérieur d'écoles de petites filles : c'est une répétition diminuée et affaiblie ; sa *Charité*, c'est-à-dire une distribution de comestibles à la porte de la maison des sœurs, rappellerait de bons tableaux flamands, si les bistres y étaient plus ménagés, les touches plus légères, les figures plus achevées.

L'*Intérieur* et *la Laveuse de vaisselle*, de M. Vignon, sont dans la manière de M. Granet. M. Verlat, de l'école d'Anvers, a suivi de bonnes traditions dans son *Gérard Dow dans l'atelier de Rembrandt* ; l'enfant observe bien ; le maître démontre bien ; tous deux sont dans une pose facile ; la lumière joue partout, et tout serait pour le mieux si le regard de l'élève et le geste du maître suivaient la direction de l'objet sur lequel ils semblent se porter.

Combien de soleil sur *les Vendanges* de M. Caraud ! C'est gai, c'est vif, presque mythologique, avec des réminiscences de Prudhon. Le vendangeur principal est excellent. Même éclat dans l'*Intérieur mauresque :* le talent m'y paraît moins franc, moins à l'aise qu'au grand air de la vigne. M. Leman aussi a voulu voyager dans un climat chaud, et il s'est transporté dans l'antique; comme ses portraits, son intérieur de cour, où des danseuses et des musiciennes amusent les loisirs de quelques hommes de divers âges, a laissé voir son inexpérience de la composition, aggravée par d'étranges rapprochements de couleurs et par des ardeurs de tons incandescents; mais, sous ces défauts, on trouve de l'étude sérieuse, du goût, du travail ; cela fait bien augurer de l'avenir. J'aime à espérer que M. Leman ne suivra pas l'exemple de M. Schopin, et qu'il ne perdra pas, dans des coloriages tapageurs et sensuels comme *le Bûcher de Sardanapale* et *le Paradis de Mahomet*, fabriqués pour la gravure commerciale, un talent né sous les yeux de Gros, et qui paraissait appelé à de meilleures destinées.

Je me console devant M. Gendron : celui-ci a de la poésie au cœur, et il fait mieux que du métier. Qu'il y a de charme vaporeux dans les ombres de *Francesca et Paolo passant aux enfers !* Que d'abandon dans la jeune femme ! Quel remords pensif dans le jeune homme qui la soutient ! Caron, la barque, les ombres n'ont rien de vulgaire et de conventionnel ; les fonds et tous les objets nagent dans une atmosphère sombre, où tout s'efface ; ce n'est déjà plus le monde des vivants. Un détail nuit à l'impression vague et mélancolique du tableau : le linceul blanc qui enveloppe Francesca accuse trop les lignes extérieures du corps depuis le dos jusqu'aux pieds : c'est trop une femme, pas assez un fantôme. Dans un autre tableau, M. Gendron a fait voltiger gracieusement des sylphes à travers les arbres de la forêt ; il aurait pu les rendre plus légers, plus aériens. Quant à son *Tibère à l'île de Caprée,* on ne peut lui tenir compte que de la pensée et d'une figure de femme blonde très-jolie ; le reste est sans vigueur, les premiers plans n'ont aucune des fortes ombres qu'ils appelaient ; ils sont mous, ainsi que les personnages et les draperies ; la tête de femme qui a le plus de valeur se trouve au troisième plan. Du reste, ce vieillard blasé, cherchant à oublier ses crimes dans ses voluptés, était un bon motif de tableau ; M. Gendron ne l'a pas réussi.

M. Brion me ramène à la vie réelle : sa petite toile est vraiment amusante dans son originalité. Trois paysans, attelés à la corde d'un bateau, s'avancent, tête baissée, sur le chemin de halage d'un canal ; c'est le matin : tout nage dans la brume. Ils font bien des efforts, les trois malheureux ; on sent qu'ils ont lourd à tirer. Puisqu'ils se suivent de près, à se marcher presque sur les talons, le premier ne doit pas paraître beaucoup plus grand que le second et le troisième; M. Brion a violé cette loi de la perspective, et tout son petit paysage en a souffert.

Qu'est-ce, près de là, que ce long défilé d'hommes vêtus de tous les costumes, qui marchent conduits, deux à deux, par des soldats et des gardes nationaux ? Cela s'appelle le 24 juin, et c'est d'une vérité saisissante ; passons vite sur ces tristes souvenirs ; M. Leleux lui-même a craint de s'y arrêter, car son ébauche, d'une si bonne couleur, est loin d'être terminée. Son *Marché de Dieppe* a de l'animation ; mais l'œil s'y sent fatigué des lumières piquetées sur les maisons à travers les arbres, et de la dissémination des figures ; que M. Leleux étudie le beau *Marché hollandais* qu'on admire dans la galerie du Louvre.

Sujets divers (suite). — *MM. Elmerich, Van Schandel, Auguste Delacroix, Merle, Guillemin, Lepoittevin, Baron, Haffner, Compte-Calix, Rœhn, Hillemacher, Biard, Wattier, de Beaulieu, Tony Johannot, Gérôme, Isambert, Jollivet, Leray, Pils, Armand Leleu, Mme Desnos, MM. Appert, Raffet, Duval Lecamus fils, Comte, Porion, Servin, Van Severdonck, Mlle Eudes de Guimart, M. Holzafel, Mme de Rougemont, Mlle Caroline Thévenin, MM. Louis Coulon, Trayer, Pluyette.*

Le besoin de tout voir et le désir de ne rien oublier obligent la critique consciencieuse à de véritables courses au clocher à travers les salles, les galeries, les couloirs, les cabinets de l'exposition. Je poursuis donc, plus vite que je ne voudrais, une promenade qui a ses fatigues, mais aussi ses plaisirs : puissent les lecteurs n'être pas las avant moi !

M. Elmerich m'arrête devant une scène d'intérieur. Ce n'est pas sa couleur qui charme : elle est grise et froide ; ce n'est pas l'importance de l'action : il s'agit tout simplement d'un brave ouvrier, déjà d'un âge mûr, qui contemple sa femme allaitant leur enfant ; mais ce qui se passe dans le cœur de ces honnêtes gens est si bien senti, qu'on ne saurait regarder sans être ému. C'est aux yeux tout seuls qu'en veut M. Van Schandel, et il réussit toujours par les effets d'éclairage nocturne dont il s'est fait une spécialité. M. Auguste Delacroix a mieux aimé, et cela se comprend, le soleil d'Afrique ; il n'est pas encore naturalisé là-bas : sauf les costumes et la forme des arbres et des maisons, il reste plus Français qu'il ne devient Marocain ; tout le monde ne sent pas l'Orient comme Marilhat.

Quel dommage que M. Merle ait gâté une bonne idée en l'exagérant ! On aurait eu plaisir à suivre les ébats d'un groupe d'enfants sur l'herbe d'un verger : quel intérêt voulez-vous attacher à toute une fourmilière de petits garçons et de petites filles disséminés au soleil, sans lien d'aucune espèce ? Cette énorme école des deux sexes s'amuse toute seule, sans papa, sans maman, sans surveillants ; l'artiste s'est ingénié à représenter tous les jeux de l'enfance, depuis les plus naïfs jusqu'aux plus raffinés, et il n'a pas oublié les coquettes de cinq ans, qui se mirent dans l'eau de la source. La plupart des figurines sont finement peintes, et il y a beaucoup de talent perdu dans l'intempérance des mouvements de ce brillant chaos de gamins fashionables.

Reposez-vous du bruit et de la foule dans cette mansarde où une jeune ouvrière fait, en sifflant, et en mangeant un

morceau de pain, l'*éducation de son geai*. M. Guillemin a eu
pour modèle un type vulgaire : c'est regrettable , car il a
donné au corps de la femme l'attitude la plus naturelle ; il
a rendu le sifflement avec une vérité parfaite, et il a peint
l'ensemble très-franchement ; cela vaut mieux que son *Souvenir d'atelier*, éternel prétexte à l'exhibition d'une femme
nue, dans des circonstances plus ou moins sentimentales.

Ah ! voilà M. Lepoittevin ; on le reconnaît à ne pas s'y
tromper, alors même que, pour sortir de ses fermiers et de
ses pêcheurs, et pour relever son style, il se cache sous la dé-
froque de Salvator Rosa. Il a pris au maître italien ses rochers, ses ruines, ses soldats : ce qu'il ne lui a pas pris, je
n'ai pas besoin de vous le dire.

M. Baron, non plus, n'a pas à se nommer : c'est lui, toujours lui qui refait à perpétuité ses élégants cavaliers, ses jolies dames du 16e siècle, livrés aux douceurs du *far niente*
sous d'immenses arbres , étagés sur les marches de vastes
escaliers, insérés entre de gigantesques colonnes ; il appelle
cela, cette année, *scène d'été* et *scène d'automne :* une autre
fois, avec une étiquette différente, ce sera le même tableau,
avec la même fantasmagorie d'architecture et la même invrai-
semblance de disposition ; mais ce sera toujours la même
fraîcheur, la même désinvolture, la même facilité ; cela plaira
à ceux (et le nombre en est grand) qui aiment mieux le joli
que le vrai. Peut-être M. Baron a voulu compléter les quatre
saisons en réunissant dans un même cadre, intitulé *les Pa-
tineurs*, l'hiver et le printemps ; car si tous ses seigneurs et
ses marquises glissent, se promènent ou tombent, avec beaucoup de vérité, sur la glace des fossés de quelque parc royal, ils
sont favorisés d'un magnifique soleil printanier, doré, comme
on n'en voit en hiver que dans les pays où il ne gèle pas.

J'ai cherché, avant d'ouvrir le livret, ce que pouvait signifier le n° 602. Un fond de maisons à peu près allemandes, une fontaine massive surmontée d'un ours en pierre ; une grande femme, puissante, aux yeux noirs, au port imposant, au costume italien, à la démarche antique ; une jeune fille penchée sur la fontaine, les pieds dans l'eau qui en découle, les jambes nues et visibles jusqu'au-dessus du genou, la tête retournée avec un regard provoquant ; une autre jeune fille les bras levés et se plaçant de manière à attirer toute la lumière sur sa gorge plus qu'à demi découverte : je me suis cru en face d'une scène d'opéra-comique, peu scrupuleuse de costume et de convenance. Pas du tout, M. Haffner prétend que c'est *une Fontaine à Obernay.* Je m'inscris en faux ; j'ai de bonnes raisons pour soutenir que les paysannes d'Alsace sont des Alsaciennes, et pour douter que leur tenue et leur physionomie, quand elles vont à la fontaine laver leur linge, leur donnent des airs de promeneuses du boulevard de Gand. Plus décent dans sa *Récolte des pommes,* M. Haffner ne s'y est pas montré peintre plus soigneux : il s'est permis des figures sans modelé, des arbres bleus maladroitement feuillés, un laisser aller général que ne compensent pas quelques jolies touches et de piquantes lumières. M. Haffner est jeune ; il a des flatteurs qui le gâtent, il lui faut des amis qui l'avertissent et le rappellent au travail ; à cette condition, il tiendra les promesses de quelques-uns de ses ouvrages.

M. Compte-Calix, lui aussi, a été très-loué ; la délicatesse de son pinceau et de son sentiment méritaient les éloges ; il tombe aujourd'hui dans un maniérisme désolant.

Enfin, en arrivant à M. Rœhn, je me sens en présence d'un artiste qui observe et qui travaille, qui sait et qui cherche. Comme aux peintres sans cesse préoccupés de l'art, tout lui devient thème à tableaux; rencontre-t-il, dans un vieux bâtiment, un escalier pittoresque, il s'y établit, et bientôt, grâce aux ressources qu'il en tire, vous y voyez, sous des jours différents, deux scènes de caractères opposés : *le Bâton de vieillesse*, un vieillard qui descend solitaire, appuyé sur l'épaule de son petit-fils; *le Joyeux voisin*, un gros bon vivant, à face rebondie, assis sur le palier, à l'entrée de son petit logement, rassemblant, par ses chansons qu'il accompagne, Dieu sait comme, sur le violon, les servantes de la maison. Comme il dit à pleine voix ses drôleries! comme ces jeunes filles rieuses l'écoutent, et comme elles oublient, pour ce concert égrillard, les devoirs du balai, les progrès du pot-au-feu, les soins de la toilette! A ces compositions de sa manière ordinaire, M. Rœhn en a ajouté une d'un faire plus large, d'une disposition plus savante. Vous et moi aurions passé cent fois devant cette pauvre maison de paysan, sans nous douter qu'il y eût là quelque chose à peindre. M. Rœhn s'est arrêté devant la porte, il a jeté un coup d'œil, et son tableau était fait. Une chambre qui a pour tout ornement une vieille table de bois, quelques vases de terre, un lit à baldaquin de serge verte, et une vaste cheminée de bois, reçoit le jour par une fenêtre ouverte sur le jardinet et par une porte entre-bâillée. Une vieille femme, au coin du feu, s'endort sur un livre destiné à faire dire la leçon à une petite fille qui s'est endormie au pied du lit : c'est *l'Enseignement mutuel*. La marche des trois lumières venues de la porte, de la fenêtre et du foyer s'accomplit de façon à faire le plus grand honneur à M. Rœhn, qui a su donner à tous les objets leur valeur, à tous les détails un fini réparti dans la plus sage mesure. Cette toile a obtenu un grand et légitime succès.

4.

M. Hillemacher a été également heureux dans sa *Séance de quatuor*. Vous êtes dans un riche et grave salon de province, orné du buste de Haydn ; les grands parents dorment ; la maman impose le silence à sa petite fille ; les quatre amateurs occupent le centre de la pièce ; le premier violon, majestueusement écarté du pupitre, exécute un passage qui paraît fort difficile, et se montre pénétré de l'importance du rôle qu'il remplit ; le second violon compte ses poses avec une attention profonde ; un gros abbé s'applique de tout son savoir à ne pas manquer son trait ; l'alto est caché derrière les cahiers de musique. Tous ces personnages sont bien à leur place, tous ont l'expression convenable. M. Hillemacher s'est tenu fort habilement sur la limite qui sépare la gaîté de la caricature ; il a fait un tableau amusant, qui reste une œuvre d'art. Pour lui faire produire tout son effet, il aurait dù l'exécuter dans un ton plus vif.

M. Biard est tombé dans l'écueil que M. Hillemacher à si bien évité : sa *Scène dans une église* est, à tous égards, une mauvaise charge ; ses deux autres compositions sont trop faibles pour que j'aime à en parler.

M. Wattier peut tirer d'excellentes choses de son propre fonds. Pourquoi donc, dans son *Dîner sur l'herbe*, se borne-t-il à copier Watteau ?

Pourquoi aussi M. de Beaulieu s'expose-t-il à ce que MM. Decamps et Delacroix tirent le coup de chapeau de Piron devant son esquisse d'une maison algérienne ?

Si quelqu'un reste fidèle à soi-même, c'est M. Tony Johannot ; il s'est créé un style de vignette élégant, et il s'y tient. Son genre se retrouve comme d'habitude dans sa *Scène de pillage en 1525*, et dans *les Plaisirs de l'automne*.

M. Gérôme a-t-il voulu peindre le temple de Pœstum

avec accompagnement de buffles, ou un troupeau de buffles avec accompagnement de temple? La question peut paraître indécise. Quoi qu'il en soit, les buffles sont bien groupés et bien rendus, le temple dessiné et coloré avec goût.

Les vases grecs de M. Isambert sont peut-être irréprochables de style : il y a joint une femme peintre plus gaie qu'il ne voudrait, car, si elle ne rit pas, elle prête à rire. M. Isambert n'a qu'à prendre leçon de M. Jollivet pour l'arrangement, la lumière, l'ameublement, la décoration d'un appartement antique; il trouvera dans *les Femmes grecques à leur toilette* un exemple du savoir uni à l'habileté; je n'ai qu'un reproche à faire à la petite toile de M. Jollivet : elle manque de défauts.

Encore un Mazeppa! Il n'est pas sans mérite. L'aspect sombre convient : les terrains sont d'une nature sauvage ; l'homme attaché à son cheval est vu d'une manière hardie et présente un raccourci dont M. Leray s'est tiré à son avantage.

M. Pils a traité deux sujets, l'un antique, l'autre contemporain. Un mot à leur occasion me semble venir à propos. Quand M. Guizot, dans ses réflexions sur le salon de 1810, conseillait aux peintres français d'exploiter le domaine moderne, il ne pensait qu'à l'histoire proprement dite; il disait avec raison que, quoi qu'on fasse, quelque versé qu'on soit dans la connaissance du passé, on ne peut pas s'identifier complétement avec des mœurs, des habitudes perdues depuis longtemps : on ne se peut faire entièrement Grec ou Romain; il est plus aisé et plus sûr d'être Français, même de plusieurs siècles en arrière. Cela est plus vrai encore de la vie intime d'un peuple que de sa vie publique : tant de choses échappent à la tradition! tant de traditions sont des erreurs ! Un artiste qui prétend nous reporter aux temps anciens et ne pas commettre d'anachronisme s'expose à remplacer l'inspiration par la recherche de l'archaïsme et à faire de l'érudition plutôt que de l'art ; il y a toujours là du conventionnel, et quelque chose vient s'interposer entre la pensée et la forme qu'on y donne. Il n'en est plus de même s'il s'agit de faits contemporains : l'art les saisit sur le vif, et les reproduit avec sûreté dans leur véritable caractère.

Voyez M. Pils. Ses *Athéniens à Syracuse* sont empruntés au *Voyage du jeune Anacharsis*, où il est raconté que ceux des prisonniers qui récitaient à leurs maîtres les pièces d'Euripide recevaient leur liberté : que fait l'artiste ? Il dispose, dans une salle antique, un maître et sa femme, de jeunes filles qui écoutent, deux esclaves qui chantent ou récitent, d'autres qui remplissent des amphores ; on voit aisément la peine que le peintre s'est donnée pour chercher des types, des costumes, et ce travail nuit beaucoup au sentiment comme à l'exécution ; sauf deux ou trois figures de femmes, les personnages sont froids, guindés, d'ivoire plutôt que de chair. M. Pils représente-t-il une *Distribution de pain aux indigents de Paris par le 14e de ligne*, il devient d'une vérité, d'une aisance, d'un entrain tout à fait remarquables. La bonhomie du soldat dans ses actes de bienfaisance n'a jamais été mieux exprimée ; l'homme du peuple condamné à recourir à l'aumône du soldat n'a jamais mieux manifesté ses diverses impressions ; l'enfant gourmand, la petite fille exténuée, le brutal qui repousse les autres malheureux, la femme hargneuse, le pauvre honteux, l'honnête ouvrier sans ouvrage, l'homme abruti par la misère, tous se reconnaissent à leur physionomie, à leur geste : c'est parlant. Les groupes se lient sans effort ; les figures sont bien dessinées, les fonds d'accord avec le sujet. Il n'y a rien à reprendre à la lumière; le ton seulement me semble trop rouge, surtout aux visages, ce qui n'empêche pas que cet ouvrage soit un des meilleurs du salon.

A la différence de plusieurs autres jeunes gens qui se négligent, M. Armand Leleux s'est maintenu à son rang. Dans *les Forgerons*, il a trouvé le reflet juste et ardent du fer rouge sur le visage penché des hommes qui manient le marteau; les ombres, en opposition au feu de la forge, pourraient être plus vigoureuses. Le *Guide du Saint-Gothard* fait plaisir à voir, quoiqu'on le connaisse depuis longtemps : M. Leleux lui a fait fumer tant de pipes et boire tant de canettes de bière devant le public des expositions! Il a toujours sa tournure conquérante, son costume pittoresque, et son peintre le traite avec des touches hardies qu'une main moins expérimentée aurait peine à accommoder à une figure aussi petite. L'intérieur de *la Posada* resplendit d'une lumière chaude qui dore et caresse tout, hommes et meubles, têtes et fruits; ces Espagnols chantent ou écoutent, mangent ou fument à vous faire envie; on voudrait s'asseoir avec ces beaux voyageurs, avec ces jolies voyageuses, mordre dans ces fraîches oranges, vider ces carafes d'eau glacée. Remercions M. Leleux des instants qu'il nous fait passer dans un endroit aussi agréable.

Mais je m'aperçois que l'espace fuit sous ma plume; il faut abréger. Je ne puis plus que mentionner : *le Tintoret enfant*, par Mme Desnos ; *le Délateur vénitien*, par M. Appert, composition bizarre, coupée en deux comme certaines décorations de théâtre, et dont ce défaut de goût ne doit pas faire oublier le dessin, qui est de bonne école; le paysage, un peu trop propre et trop éclatant, où M. Duval-Lecamus a très-gracieusement groupé sa famille ; *la Batterie de tambours* (armée d'Italie en 1796), par M. Raffet ; *Jeanne d'Albret* chez le parfumeur où elle achète les gants qui l'ont empoisonnée, si on veut en croire la chronique, par M. Comte ; *le Gitano et la Gitana*, de M. Porion, figures à effet, brûlées par une lumière violente et posées sur des fonds noirs ; un *Intérieur d'alchimiste*, par M. Servin ; *l'Enfance de Callot*, par M. Van-Severdonck ; *la Sœur aînée*, étude naïve et soignée de Mlle Eudes de Guimart ; *l'Orpheline*, où M. Holzafel a exprimé la frayeur qu'éprouve un jeune enfant en sentant le froid de la main de sa mère qui l'étreint en mourant ; *la Ballade*, de Mme de Rougemont ; *le Presbytère*, de Mlle Caroline Thévenin, qui a donné à la méditation solitaire du curé de campagne un charmant caractère de rêverie ; le *Sterne* et *le Chant d'Antonia*, où M. Louis Coulon indique des tendances à un faire pur et distingué ; le *Léonard de Vinci au milieu de ses élèves*, par M. Trayer ; *les Bohémiens chassés d'Ecosse*, très-bonne page de M. Pluyette.

Nos peintres, on le voit, traitent toute espèce de sujets ; la variété de leurs talents suffit à la carrière sans bornes où ils s'engagent ; ils se font remarquer surtout par l'esprit et par l'adresse ; il ne faut pas leur demander la profondeur ni l'élévation ; mais leur pensée, généralement, est claire, leur exécution agréable, dégagée, indépendante ; de la gaîté, de la finesse, du sentiment naïf, ces qualités dominent aujourd'hui dans un très-grand nombre de tableaux dits *de genre* ; elles justifient les suffrages du public et l'empressement des amateurs.

PAYSAGES. — *MM. Paul Flandrin, Desgoffes, Viollet-Leduc, Gaspard Lacroix, Bellel, Huet, Rousseau, Courbe, Corot, Français, Daubigny, Cabat, Jules Dupré, **Pron**, Mᵐᵉ Eugénie Pesmes, MM. Cibot, Lavieille, Flers, Léon Fleury, Lapito, Holstein, Wild, Aligny, Thuillier, Baudit, Jeanniot, Eugène Ciceri, Bairiat, Hoguet, Brissot, Auguste Bonheur, Nazon, Lambinet, Hédouin, Desbrosses, Teinturier, Courdouan, Fontenay, Chevandier, Leroy, Lainé, Saint-Marcel, Segé, Jules Noël, Böhm, Karl Girardet, Vigne, Jules André.*

Quelque opinion que l'on ait sur l'état de la peinture en France, on ne peut sérieusement nier que le paysage y occupe une place éminente, et que nos paysagistes marchent en tête du mouvement de l'art européen. Assurément les pratiques actuelles ne sont pas toutes bonnes : mais la plupart viennent d'une idée juste, et les déviations momentanées seront bientôt corrigées par le bon sens, plus puissant qu'on ne croit en peinture comme en toute chose. Je n'ai pas l'intention de faire ici l'histoire du paysage : je ne remonterai même pas jusqu'au 18ᵉ siècle, à cette époque de faux goût où un peintre célèbre pouvait dire : « Je n'aime pas la nature ; elle est trop verte et mal éclairée. » Je m'arrêterai un instant seulement à la plus récente transformation que nous avons vue s'opérer. Sous l'influence des grandes traditions de Poussin, altérées par le temps, comme s'est altérée la tradition de la tragédie classique, et bien d'autres, le paysage était considéré soit comme un accessoire d'une composition historique, soit comme un sujet que chaque artiste entendait et composait d'après certaines données convenues ; il y avait une nature que l'on arrangeait dans son cabinet, que l'on enseignait dans son atelier ; on ne l'avait vue nulle part : c'était une nature rêvée, idéale, tout autre et plus belle, selon ses inventeurs, que celle qu'on rencontre dans les champs, dans les bois, au sommet des montagnes, aux bords des rivières. L'exemple des Hollandais, les souvenirs de quelques Français, le goût des voyages, ont enfin appris, ou plutôt rappelé que la nature créée par Dieu vaut bien celle composée par les hommes. On s'est mis à l'étudier pour elle-même ; on s'est pénétré de ses beautés, on s'est efforcé de la reproduire ; dès lors la véritable voie du paysage a été ouverte ; elle conduit à l'infini, elle aboutit à des merveilles inépuisables. Chacun, selon son penchant, selon son organisation, est plus vivement affecté de telle beauté, plus apte à la faire sentir aux autres : celui-ci excelle dans les ciels ; celui-là rend mieux les terrains ; l'un a l'éclat du jour, l'autre la lueur du crépuscule ou de l'aurore ; la pureté des eaux, la transparence de l'air, la fraîcheur des ombres, l'épaisseur des feuillages, l'agitation des plantes, la grâce des fleurs, la solennité ou la tristesse des lignes, la grandeur des montagnes, que sais-je ? tous les miracles de la création se reflètent dans l'âme de l'artiste observateur et ému, et trouvent dans son pinceau l'instrument plus ou moins fidèle des impressions qu'il cherche à transmettre. Eh bien, la nature sincèrement étudiée, traduite selon le sentiment de chacun, voilà tout le secret de la variété, de la vérité, du charme de nos principaux paysagistes.

Dans cette heureuse évolution, un écueil était à éviter ; il ne l'a pas toujours été : quelle réaction s'accomplit sans excès? On fuyait le paysage composé, on avait horreur de l'arrangement conventionnel; on s'est jeté dans la simple copie des objets quelconques, sans choix, sans recherche ; on a paru croire, et ce n'est pas la première fois dans l'histoire de l'art, que pourvu qu'on représentât exactement, on faisait beau, comme si un caillou était aussi beau qu'une rose, un crapaud qu'un papillon, un trou marneux qu'un vallon verdoyant, un tas de pierres qu'une croupe de colline. Sous la préoccupation de la même erreur, de la même indifférence, on n'a eu nul souci du grandiose des aspects, de l'agrément du point de vue : on s'est posé devant quoi que ce soit, dans la première direction venue, et on s'est imaginé que des lignes bizarres, des plans sans perspective, étaient toujours du beau. Ainsi entendu, le naturalisme n'est plus de l'art ; il n'honore pas la nature, et fait descendre la peinture au niveau d'un métier vulgaire.

Les idées que je viens d'émettre voudraient être développées ; la place me manque. Ce que j'ai dit était nécessaire pour justifier les rapides indications de quelques œuvres du salon, qui en renferme beaucoup de bonnes.

Le paysage composé, appelé aussi de style, a gardé peu de fidèles : parmi eux se trouvent des hommes de talent, M. Flandrin, par exemple; ses *Montagnes de la Sabine* ont de la grandeur, de la noblesse ; les arbres sont beaux, les fabriques d'un bon goût, les personnages d'un dessin pur ; mais tout cela est factice, et je préférerais une vraie montagne avec ses vrais arbres et son village, à ce superbe mont orné de temples grecs. M. Flandrin n'a pas le don de la perspective aérienne; ses plans ne reculent pas par la dégradation de la couleur. Ses verts au soleil ont aussi une crudité qui blesse l'œil. Mais prenez chaque arbre, chaque terrain à part, et surtout les figures, qui sont répandues avec discrétion, et mises chacune à une bonne place : tout est d'une exécution accomplie.

M. Desgoffes n'a pas la même excuse : il a posé un mauvais moine sur un mauvais entassement de roches mal arrangées.

Il y a de l'idéal autant que du réel dans les souvenirs de la villa Borghèse, de M. Viollet-Leduc; mais c'est élégant, chaud et bien peint.

M. Gaspard Lacroix dispose d'une façon heureuse; ses ciels sont transparents, sa lumière est pénétrante; pourquoi sème-t-il, dans son principal paysage, ses campagnes d'affreux petits personnages mythologiques ?

Une transaction semble avoir été cherchée par M. Bellel ; son tableau du berger d'après Virgile contient des parties prises sur nature, d'autres imitées de Poussin ou travaillées dans sa manière; l'effort de la conciliation est visible. M. Bellel exécute avec un soin peut-être trop égal : cela vaut mieux toutefois que le défaut contraire; son talent est sincère, plein de bon vouloir et de sagesse : c'est dire assez qu'il a de l'avenir.

Des trois paysages de M. Huet, le moins bon est le plus fantastique; il représente une forêt pendant un soir d'orage ; les deux autres, des intérieurs de forêts, ont beaucoup de fraîcheur; l'effet général en est plus satisfaisant que les détails.

Les peintres qui ont préféré la nature aux traditions et exprimé naïvement ce qu'ils voyaient et ce qu'ils sentaient ont eu le malheur de tous les jeunes gens qui, en améliorant, s'imaginent être des créateurs, et pensent révolutionner l'art parce qu'ils sont rentrés dans une de ses bonnes voies ; ils exagèrent, outre mesure, leur donnée, et ils trouvent des ignorants, des adulateurs ou des complices qui érigent leurs excès en qualités, au risque de faire avorter les plus heureuses dispositions. Les talents forts résistent seuls à cette épreuve. Un énergique retour sur eux-mêmes leur est nécessaire pour rester ou pour revenir dans le vrai, pour ne pas substituer la manière à la convention. Cet honorable travail, M. Théodore Rousseau l'opère en ce moment ; du paradoxe il revient au sens commun, du réalisme brut il remonte à la nature choisie. Il paraissait se complaire dans les fouillis inextricables, dans le chaos des lignes, dans l'absence de toute perspective, dans les arbres secs et mal placés ; il copiait avec vérité les effets les plus variés, quelquefois les plus étranges ; cela lui suffisait, et de sottes louanges auraient pu le confirmer dans son erreur. Une étude plus approfondie n'a pas tardé à lui faire comprendre que l'art demande davantage. Cette année, sans perdre ses qualités d'exécution, il a fait, du côté de la pensée, de grands progrès ; son *Effet de soleil* est délicieux ; l'air y est saturé d'une chaleur humide ; tout brille et vit ; l'horizon est d'une finesse admirable. On ne regrette que la pesanteur et la confusion des touches dans les broussailles des premiers plans de droite. Le *Groupe de chênes dans la lande* est vigoureusement attaqué et d'une excellente couleur ; les terrains présentent encore la trace de la mauvaise habitude d'aligner les premiers plans horizontalement, jusqu'à une grande hauteur, dans toute la largeur de la toile.

Comme M. Rousseau, M. Courbet se modifie, et il s'en trouve bien. Tout le monde a parlé de M. Courbet, les uns avec engouement, les autres avec colère, personne avec indifférence : c'était un symptôme. Le temps et la réflexion aidant, la vérité se fait jour ; on commence à voir et on peut dire maintenant (l'année dernière il aurait fallu du courage pour s'exprimer ainsi) que M. Courbet n'est ni un grand génie ni un barbouilleur : on le mesure et on le classe. On a pu s'indigner de la brutalité de ce montagnard comtois, s'étonner de l'audace de son invasion ; on a pu rire de ses maladresses, s'amuser de son orgueil, plaisanter de son mauvais goût, se plaindre des complaisances excessives de l'accueil fait à cette espèce d'étranger. Mais sous les violences, sincères ou affectées, sous le ridicule et les gaucheries plus ou moins volontaires, il était impossible de méconnaître une rare aptitude à saisir et à rendre la nature. Aujourd'hui l'expérience se complète ; le principal tableau de M. Courbet, représentant le fond d'une vallée terminée par des rochers, est d'une fermeté de ton, d'une franchise de lumière, d'une vérité locale que l'on pousserait difficilement à un plus haut degré. Dira-t-on que ce paysage n'est pas gracieux ? Soit ; prétendra-t-on que les figures de demoiselles et de petite mendiante qui l'animent sont plutôt plaquées que posées et qu'elles ont un type vulgaire et laid ? je ne le nie pas. Cela prouve que M. Courbet manque de goût et choisit mal ses modèles, qu'il ne sait pas encore grouper et qu'il lui faut apprendre à combiner ses figures avec ses paysages. Ces défauts sautent aux yeux : les qualités ne sont pas moins évidentes, et, si on veut regarder attentivement et de bonne foi, on ne méconnaîtra ni les délicatesses du pinceau, même sur ces vilaines figures, ni le sentiment de la couleur dans les draperies et les vêtements, ni surtout cette possession de la réalité, qui faisait dire à un grand artiste devant ce tableau : « Tout autour de cela je vois de la peinture, ici je vois la nature. » On a accusé M. Courbet de ne pas savoir la perspective, parce qu'il a fait petites des vaches qui paraissent très-rapprochées ; l'ignorance ou l'inattention sont au compte des accusateurs ; les vaches dont on a ri sont à leur plan et d'une juste grandeur ; le tort de M. Courbet est de n'avoir pas marqué suffisamment la séparation entre le premier plan et celui qui porte les animaux contestés. Il ne faut pas qu'un détail facile à corriger serve de prétexte aux injustices de la critique.

Sur la liste des paysagistes qu'on a qualifiés réformateurs se place M. Corot ; sa manière indécise convient on ne peut mieux à certaines heures du jour, à certains états de l'atmosphère ; ses tableaux, vus à distance, caressent l'œil ; approchez : vous ne trouvez plus de corps aux arbres ni aux terrains, toutes les lignes tremblent, les figures sont manquées. Le *Soleil couchant* et le *Repos* sont traités ainsi. Il faut les regarder de près pour que le charme disparaisse. M. Français garde la belle position qu'il a su prendre ; *Sous les saules* est un motif auquel il revient souvent, et qu'il réussit ordinairement : la lumière m'y paraît cette fois un peu opaque par places. Une *Coupe de bois* vous installe au milieu d'une forêt jaunie par l'automne : ce soleil tiède, ces feuilles qui vont tomber, ces grands arbres qu'on déracine, ces autres qui gisent à terre, forment un de ces spectacles qui jettent un intérêt mélancolique sur les promenades de l'arrière-saison. Le *Soir* resplendit des derniers feux d'un soleil méridional ; l'astre se couche derrière un temple en ruine et projette une lumière d'or à travers les colonnes ; le premier plan est dans l'ombre et dessine le penchant d'un coteau ; une femme drapée en blanc monte sur le revers opposé ; une vapeur violette colore les vallées et les montagnes du fond ; cette scène est fort belle. Deux observations seulement : les parties les plus brillantes du ciel ont subi un empâtement qui menace, par l'effet du temps, de leur faire perdre leur éclat. Pour avoir trop crûment arrêté le bord du terrain sur le devant, la femme paraît non pas marcher sur un chemin, mais sortir de l'eau, ou bien on ne sait d'où, comme une apparition. Au groupe des néo-paysagistes appartient encore M. Daubigny. Je ne sais personne qui ait un sentiment plus intime de la nature et qui la fasse mieux sentir ; mais pourquoi ne tracer que des ébauches comme la *Moisson* et la *Vue prise sur les bords de la Seine ?* Cette dernière surtout est ravissante. M. Daubigny craindrait-il de se gâter en se terminant ? Ce serait un aveu d'impuissance ; j'ai meilleure opinion de son talent, et je suis convaincu qu'un homme qui commence si bien ne peut pas achever mal.

Il y a du maître, du grand paysagiste dans M. Cabat. Que ses masses d'arbres soient un peu plates, qu'elles ne soient pas en rapport avec l'exiguïté des terrains, c'est possible ; mais, dans son *Soir d'automne,* quel riche fond de ciel ! quelles éblouissantes échappées de lumière ! quelles immenses et majestueuses nappes d'eaux !

M. Jules Dupré est revenu au salon, après une longue absence. Le meilleur de ses trois ouvrages exposés est un *Soleil couchant,* largement peint ; une touche lourde et grenue semble avoir affecté la manière de M. Dupré dans ses deux autres toiles : c'est le défaut d'une qualité, le résultat d'un travail consciencieux jusqu'à la minutie.

Des noms nouveaux sont inscrits sur des œuvres qui méritent d'être signalées. M. Pron a trois paysages : le meilleur (et il est excellent), c'est *la Forêt de Fontainebleau en décembre.* Après les premiers plans, un peu mous et plats, le regard s'enfonce dans une vallée terminée par un rideau de collines éclairées d'un jour faiblement coloré ; sur l'une d'elles frappe vivement un coup de soleil ; les forêts sont d'un bleu violet, mêlé de vert et de brun ; les arbres du devant portent leurs dernières feuilles ; le vent pousse des nuages précurseurs de l'hiver. M. Pron a bien étudié cette saison et en a fidèlement conservé l'impression. J'ignorais aussi le nom de Mme Eugénie Pesmes ; et si le tableau qu'elle a envoyé sous le titre d'*Un convoi* [est son début, il faut l'en féliciter. Au milieu d'une vaste plaine s'élève une ligne d'arbres hauts et minces ; un affreux orage va se déchaîner : les nuages, d'un gris noir, descendent surchargés de la pluie qui s'abattra tout à l'heure ; l'ouragan fait plier les cimes feuillées, courbe les haies, couche les buissons ; à quelque distance, des villageois suivent à pied, luttant contre le vent, un chariot qui porte une bierre : le deuil de la famille avec le deuil de la nature. Cette scène, simplement composée est simplement rendue ; on n'y aperçoit pas vestige des partis pris d'école, pas même la trace d'un enseignement autre que celui de la nature : les masses et le détail sont partout dans une proportion harmonieuse, et cet ouvrage de Mme Eugénie Pesmes fait vivement désirer qu'elle persiste dans sa précieuse individualité ; l'habitude relèvera les parties faibles de son travail.

Si M. Cibot n'est, pour personne, un nouveau venu dans la peinture, il est, pour le public, un débutant dans l'art du paysage. J'ai tort d'employer ici le mot *art ;* M. Cibot est allé à la campagne, jouir de l'air et du soleil ; il s'est assis au pied des hêtres et des chênes ; il s'est couché sur le gazon ; il a laissé errer son œil dans les espaces du firmament ; il a regardé les fleurs s'épanouir et les insectes voler ; puis il s'est souvenu qu'il était peintre, et l'envie lui a pris de prolonger sur la toile ses jouissances de promeneur. De la ces deux paysages si vrais, si intimement sentis, ces allées où la lumière s'insinue et se tamise si finement, ces feuilles si légères, ces arbres si élégants, ces gazons si frais, cette atmosphère si pénétrée de soleil, du soleil de nos étés, comme nous le connaissons tous, non quand nous examinons des tableaux, mais quand le chemin de fer nous emporte à quelques lieues de Paris. La nature a eu pour M. Cibot tant d'attraits qu'elle lui a laissé peu d'attention pour les êtres vivants qui partageaient ou troublaient ses excursions ; aussi ne s'est-il pas occupé des formes et de la place de ses personnages.

L'inépuisable forêt de Fontainebleau a inspiré à M. Lavieille une des peintures les plus chaudes, les plus lumineuses, les plus vives que l'on puisse voir. Si le ciel répondait au reste, il faudrait classer ce paysage au rang des chefs-d'œuvre.

Le public revoit avec plaisir au salon les artistes qui soutiennent d'une manière brillante, et depuis si longtemps, l'honneur de nos écoles de paysage. C'est M. Flers, toujours frais, et qui s'est établi cette année dans la riante vallée de la Bresle ; M. Léon Fleury, l'heureux peintre des gras pâturages normands ; M. Lapito, qui s'enferme dans les montagnes et en retrace dignement les grandeurs ; M. Hostein, qui aime et fait aimer les beaux sites français, la Vendée et les bords de la Loire ; M. Wyld, qui, en changeant de climat, ne change pas assez de touche, et marque trop peu la différence des caractères, au risque de faire prendre la Hollande pour un pays chaud, l'Italie pour un pays froid ; il peint, du reste, toujours avec finesse ; son meilleur travail au salon est un petit paysage breton, tout épais de verdure, tout séduisant de solitude. Dans la *Vue de l'île de Capri*, on retrouve, avec ses travers, le talent sérieux et systématique de M. Aligny; qu'il me soit permis de ne rien dire de ses deux autres productions. M. Thuillier a bien réussi deux vues imposantes de la Bretagne et du royaume de Naples.

Deux très-bonnes vues du mont Blanc et des Alpes sont dues à MM. Baudit et Jeanniot, élèves de MM. Diday et Calame; elles soutiennent, autant qu'il est possible, la lutte désespérante que l'art est obligé de livrer pour reproduire ces sujets immenses dans un petit espace.

Des jeunes gens, pleins d'ardeur et d'espérances, promettent un bel avenir; quelques-uns ont déjà fait leurs preuves, et l'on est fier de voir tant de talents nouveaux préparer de brillants successeurs aux talents en renom. M. Eugène Ciceri, digne du nom qu'il porte, et doué d'une rare facilité, a exposé une vue très-heureusement prise au bord du Loing : c'est fin, mais peut-être froid; M. Ciceri a, en général, à se garantir d'un excès de tons gris. L'effet du matin aux bords de la Seine, par M. Barriat, a d'excellentes qualités, des terrains fermes, des lignes agréables, un coloris doux, des plans bien agencés. *Le Moulin* de M. Hoguet, d'un aspect grisâtre, a une lumière franche, et je ne sais quelle crânerie de disposition qui étonne. M. Brissot a peint hardiment et avec justesse de belles portions de la forêt de Compiègne. De bons exemples et les précieuses leçons qu'il reçoit ont profité à M. Auguste Bonheur; son *Pâturage du Cantal*, quoique d'un vert trop cru, annonce un vif sentiment de la campagne; les animaux qui s'y reposent en s'enfonçant dans l'herbe épaisse sont bien dessinés, peut-être trop également propres et trop symétriquement rangés. M. Bonheur a traité, avec infiniment d'adresse, un effet

5

qu'il a observé dans la forêt de Fontainebleau ; il a fait pénétrer la lumière à travers les grands arbres, et attaché pour ainsi dire un grain de ciel à chaque feuille : cela peut être vrai ; mais l'œil souffre du papillotage de ce tour de main habilement exécuté. Une jolie ébauche de M. Nazon ne suffit pas pour le faire juger, mais elle suffit pour prouver du goût, des formes distinguées, un coloris harmonieux. M. Lambinet pose fortement ses terrains, fait agréablement les animaux, et possède un assez grand caractère d'ensemble. M. Hédouin a une petite clairière charmante, du sentiment le plus exquis. Je louerais volontiers MM. Desbrosses et Teinturier, si je n'avais à leur conseiller de se défendre d'imiter de trop près la manière de M. Corot.

L'excès d'une couleur que nous devons croire locale gâte *la Villa provençale* de M. Courdouan, et *le Paysage corse* de M. Fontenay, qui a montré plus de sagesse, et une bonne entente de la ligne et de la lumière dans son *Intérieur d'une carrière* aux environs de Paris.

Parmi les paysagistes qui ont droit, au moins, à une mention que je regrette de ne pouvoir motiver, j'aime à citer MM. Chevandier, Leroy, Lainé, Saint-Marcel, Segé, Jules Noël, Böhm, Karl Girardet, Vigne, Jules André. J'en passe encore ; que voulez-vous ? Au milieu de tant de richesses, un inventaire bâtif doit laisser des lacunes.

VUES ET MARINES. — *MM. Justin Ouvrié, Hippolyte Garnerey, Mozin, Bouton, Poirot, Mathieu, Ziem, Gudin, Meyer, Jeanron, Garneray, Morel Fatio, Francia, Hints.*

Les *vues* se rapprochent, mais se distinguent du paysage.

Dans ce genre excelle toujours M. Justin Ouvrié. Le peintre consciencieux de tant de châteaux, de tant de monuments français, rend maintenant à l'Angleterre le service d'aller peindre ses palais et ses villes. Elle y gagne et nous aussi : elle, parce que ses beautés se popularisent; nous, parce que, grâce à un pinceau fidèle, nous savons à quoi nous en tenir. La vue prise à Londres et celle du château de Windsor sont, sous ce double rapport, d'un grand intérêt ; la capitale nous montre son plus beau palais, Sommerset-House, et sa plus belle église, Saint-Paul ; son fleuve, qui lui apporte les tributs du monde entier, se développe devant nous, couvert de bateaux à vapeur et des bâtiments qui peuvent pénétrer au cœur de la cité. Windsor, avec ses arbres gigantesques, ses vertes prairies, son vieux château, c'est la nature cultivée, l'opulence du présent, et la puissance séculaire de la royauté. Tels sont les spectacles que nous devons à M. Justin Ouvrié. Il faut admettre comme vérité locale le ton gris et froid de ce pays, où le soleil vif et pur est une exception ; sans y être allé, on se dit : cela doit être ainsi. J'ai entendu des artistes reprocher à la peinture de M. Justin Ouvrié de manquer de solidité, de trop ressembler à de l'aquarelle ; ceci importe peu. L'aspect est-il juste ? le rendu est-il atteint ? voilà la question pour le public. Si j'avais un reproche à faire à M. Ouvrié, ce serait d'avoir pris son point de vue de telle façon que tout un côté de son tableau de Londres est occupé, jusqu'à une grande hauteur, par une construction à ligne droite, et fortement accusée ; cela produit une sorte de perspective boiteuse, et affaiblit nécessairement les édifices des autres plans. Canaletto ne procédait pas ainsi.

M. Hippolyte Garnerey réussit toujours les fouillis de maisons gothiques et de masures de toute espèce ; c'est dans sa donnée habituelle, entachée de quelque exagération, qu'il a traité les *Ruines d'un vieux château* et une *Vue prise à Saint-Lô.*

Il y a du mouvement, de la couleur, dans la *Vue d'Utrecht*, de M. Mozin : on y sent l'homme habitué à composer et à peindre.

MM. Bouton et Poirot ont fait de bonnes vues intérieures d'églises ou de cloîtres. Les meilleures sortent de la main de M. Mathieu. Initié, par ses voyages, aux secrets de l'art allemand, notre compatriote nous fait comprendre la richesse, le mystère des églises de Nuremberg et d'Ulm : on ne se peut rien figurer de plus splendide dans l'architecture du moyen âge que Saint-Laurent de Nuremberg, avec ses magnifiques vitraux, ses riches ornements, ses écussons féodaux, et les délicieuses dentelles sculptées de ce travail immortalisé sous le nom de *Maison mystique d'Adam Kraft.* M. Mathieu a si bien choisi sa place que vous pouvez, d'un coup d'œil, embrasser toutes ces merveilles; vous voyez bien, car il a fait pénétrer la lumière partout, peut-être même trop sur les premiers plans. Dans la crainte de dépoétiser le grandiose du monument par l'apparition de nos disgracieux costumes contemporains, il a introduit des personnages du temps de Louis XIII, un baptême de noble famille avec son cortége obligé de gentilshommes, de femmes et de domestiques. Le passé ne pouvant nous arriver qu'à travers la mort, il a quelque chose de recueilli qui sied à la peinture des églises; l'artifice employé par M. Mathieu se justifie donc et ajoute son intérêt à la haute valeur pittoresque du tableau.

Il est difficile de classer M. Ziem. Sa *Vue de Venise* fait de lui surtout un peintre de marine, tandis que *le Soir au bord de l'Amstel* et *la Chaumière hollandaise* le rangent parmi les paysagistes. Quelque nom qu'on lui donne, on lui doit une place d'honneur ; ses eaux vénitiennes ont un brillant, un scintillement mouvementé, une transparence, une puissance de réflexion d'une qualité magistrale : rien de plus ferme, de plus chaud, de plus juste de forme et de ton que la belle barque avec ses voiles dorées par le soleil couchant, avec ses passagers vêtus et groupés de la manière la plus naturelle et la plus piquante ; les fabriques et les lointains n'ont pas la même perfection. L'effet du soleil couché derrière les moulins d'Amsterdam, et qui projette de grandes ombres sur le devant, est d'une vigueur aussi remarquable que la simplicité des moyens qui le produisent. J'aime moins la chaumière, parce que le travail en est plus cherché, parce que le système d'exécution y est confus, parce que tous les premiers plans se perdent dans des masses d'ombres qui ne s'expliquent pas facilement.

M. Gudin a sa gloire faite depuis longtemps ; on a pu craindre qu'elle ne devînt pour lui un fardeau : il a voulu constater cette année qu'il la porte encore avec aisance et qu'il la continue. S'il a fait choix de deux sites à fracas, s'il y a du mélodrame maritime dans ces masses et ces pointes de roches découpées, au pied desquelles la mer vient se briser en innombrables parcelles blanches et en poudre éblouissante ; s'il y en a plus encore dans ce disque rouge de sang qui plonge à l'horizon sous une épaisse couche de nuages noirs, et reflète ses dernières ardeurs sur la surface des eaux et les arcades des rochers du bord, on reconnaît toujours la main qui donne si bien aux vagues toute la réalité de leur transparence et de leur fluidité.

Ces marines à grand spectacle ont pour opposé la mer toute simple, le ciel du nord, comme les observe et les peint M. Meyer. On ne saurait mieux rendre la consistance de l'eau, les mouvements divers que ses soulèvements paraissent donner, selon les distances, aux barques et aux vaisseaux, la lumière qui glisse sur la crête ou se prolonge dans l'enfilade des vagues. C'est de la bonne école hollandaise, celle de ces artistes qui ont vécu sur la plage plus que dans les ateliers, et fréquenté les barques de pêcheurs plus que les palais et les salons. Comme observateur sérieux, il faut signaler aussi M. Jeanron, surtout pour son *Matin*, moment où la mer se couvre d'une blancheur de lait nacrée qu'il a saisie au vrai, ainsi que les infiltrations et les flaques d'eau que la mer laisse en se retirant. L'autre marine de M. Jeanron a un ciel et une ligne de marée très-bien rendus : les sables du premier plan remontent trop haut, prennent trop d'espace et semblent tomber en avant, défaut de perspective très-fréquent dans toute espèce de tableaux.

M. Garneray n'a pas déserté la lice où il a obtenu de nombreux succès ; M. Morel Fatio a lutté de son mieux contre les difficultés d'un sujet comme la visite officielle du chef de l'Etat à une flotte réunie dans la rade de Cherbourg. De bonnes traditions se remarquent dans les ouvrages de M. Francia. M. Hints met du brouillard dans ses trois marines : je ne l'en blâme pas, puisqu'il s'agit de trois ports de villes d'Angleterre ; je lui reproche de faire sec, maigre, et de miroiter quelquefois, comme s'il avait travaillé au daguerréotype.

Animaux, nature morte, fleurs et fruits. — MM. *Rousseau, Laffitte, Lemmens, Giroux, Deville, Kiôrboe, Jadin, Steveis, Dubuffe père, Coignard, Loubon, Palizzn, M*^{lle} *Juliette Bonheur, MM. Béranger, Dumarescq, Saint-Jean, Remillieux, M*^{lle} *Wagner, MM. Maiziat, Pascal, M*^{me} *Apoil, M. Estachon.*

A tout seigneur, tout honneur! En tête de nos peintres d'animaux, M. Philippe Rousseau! Les poules, le coq, le chat de sa basse-cour, sont la nature même; quelques poules ne se détachent pas assez du terrain, et l'importance donnée aux bâtiments de la ferme en ôte à ses charmants petits hôtes. Quant à la fable du *Rat retiré du monde*, c'est, pour la gent trotte-menu, ce que sont les Meissonnier pour l'espèce humaine. M. Rousseau a exposé une *Cuisine* dont une table supporte tous les comestibles destinés à un splendide et succulent repas; l'imitation de tous les objets est parfaite; la perspective laisse à désirer. Les coqs de MM. Laffitte et Lemmens ont de la tournure, de la couleur, de la finesse : ils appartiennent de loin à la famille de ceux de M. Rousseau. Cette filiation est plus directe et moins affichée que celle des chevaux de M. Giroux avec les chevaux de Géricault; mais ce n'est pas seulement par des touches hardies que le maître se manifestait; il ne se contentait pas d'indiquer des mouvements, de donner des à peu près; il connaissait à fond le cheval, et il enseigne à ses successeurs comment il faut serrer le dessin, et subordonner la hardiesse à la régularité et à l'harmonie; M. Giroux devra méditer ces exemples-là.

Comme M. Rousseau, M. Deville a fait un emprunt heureux à Lafontaine ; ayant à peindre des pigeons, il a mis en action la fable que tout le monde sait, et il l'a fait avec beaucoup de grâce. Il a enfermé dans une sage mesure l'expression des sentiments qui animent les deux gentils oiseaux. La réserve n'est pas la même chez M. Kiörboe ; cet artiste, d'un talent d'ailleurs très-distingué, fait au sérieux ce que Grandville faisait en riant ; il communique aux bêtes toute la physionomie de l'homme : son beau chien de Terre-Neuve, c'est un riche propriétaire, installé carrément au centre de ses domaines, jetant un coup d'œil fier sur tout ce qui l'entoure ; son renard, guettant des lapins, a le regard oblique, luxurieux et goguenard d'un vieux mauvais sujet qui aurait surpris une fillette. L'exagération cesse, et la vérité prend le dessus dans *le Renard avec sa proie :* l'assassin, les yeux fermés pour mieux jouir de son bonheur, savoure goutte à goutte le sang qu'il tire de la pauvre poule qu'il vient d'égorger ; ceci, du moins, n'est que vrai, et rien de plus.

La salle à manger d'un château serait magnifiquement ornée par *le Cerf aux abois* de M. Jadin ; les chasseurs, au retour, retrouveraient sur la toile l'agitation de la meute, ses élans, ses colères ; ils y chercheraient, peut-être sans succès, la lassitude et les pleurs du cerf, les jambes fines, les élégantes proportions du chien ; le faire est lâché, l'anatomie par trop négligée ; c'est surtout sensible dans le louvard et le terrier de M. Jadin. Les chiens qui ont fait le plus de sensation au salon sont les quatre malheureux attelés à une lourde charrette chargée de sable ; on voit qu'ils n'ont pas pu continuer ; ils se sont affaissés, haletants, au pied d'un mur, au coin d'une borne ; ils font, en effet, comme le dit le calembourg du livret, un métier de chien. Ce triste métier aurait pu se raconter d'un ton moins solennel, sous un plus petit format. Les pauvres animaux auraient sans doute paru moins lourds; on aurait moins remarqué que deux d'entre eux sont couverts de laine plutôt que de poils, et on aurait rendu autant de justice à la bonne couleur, au style naturel, quoique un peu rude, de M. Stevens.

M. Dubuffe père, jadis peintre des belles dames, fait son début dans les taureaux et dans les vaches; en changeant de modèles, il n'a pas changé de manière : une propreté coquette brille sur ses animaux et sur ses paysages.

Ce sont de vrais taureaux, de véritables bœufs qu'a exposés M. Coignard; il les a, on le voit, étudiés avec amour, qu'ils fussent en mouvement ou au repos; dans *la Rencontre à l'entrée d'un bois*, et dans *le Matin*, le paysage a une grande valeur; ce dernier tableau a toute la fraîcheur des premières heures du jour; on sent la rosée dans l'herbe, on voit ces belles vaches respirer à pleins poumons l'air pur et fortifiant. J'aimerais qu'il y eût moins de fleurs sur le gazon du devant, plus de mollesse dans le cours du ruisseau, plus de fluidité dans les eaux, plus de fini dans quelques arbres, et enfin plus de sobriété dans l'emploi du jaune qui donne le ton général.

Les personnes qui ont vu les campagnes sèches de la Provence disent qu'il est impossible d'en mieux saisir le caractère que n'a fait M. Loubon. Il y a de l'originalité dans le parti pris de ces troupeaux vus de face, au départ et au retour; la poussière qui s'élève sous leurs pas, les ombres plombées qui se dessinent tranchément sur un terrain sans verdure, accusent bien l'aridité du pays et l'ardeur du climat.

A la place des beaux moutons de Brascassat ou de Mlle Rosa Bonheur, nous avons les béliers de M. Palizzi; ils ne sont pas assez vivants pour faire oublier les absents. Dans une basse-cour, devant la maison du fermier, les animaux sont rassemblés sur l'herbe ; une chaleur tiède pénètre l'air ; ce sont les brises molles du printemps. Le printemps, c'est la saison de l'amour, disent les poëtes : M. Palizzi est de cet avis ; ses poules et son coq, son ânon et son ânesse, sa chèvre et son bouc, sa brebis et son bélier subissent l'influence amoureuse. Cette petite églogue de bêtes est spirituellement écrite : l'artiste a voulu y associer notre espèce : voyez plutôt, au delà de la haie, à l'entrée de la prairie, le gros baiser que le bouvier donne, des lèvres et des bras, à la vachère qui ne paraît pas s'en défendre. Poésie à part, M. Palizzi devra donner plus de corps à ses animaux, et les poser plus solidement sur le terrain.

La nature morte a été finement touchée par plusieurs peintres ; le nom de Bonheur figure encore ici : guidée par sa sœur, Mᵈˡᵉ Juliette réussira sans nul doute à donner à chacun des objets, qu'elle imite déjà bien, ses justes proportions relatives. Je ne vois pas au livret le nom de M. Beranger, quoique j'aie le souvenir de deux petites toiles de lui précieusement travaillées. Même silence pour M. Dumarescq, dont une nature morte, objets d'art entassés sur une table, et un ensemble de fruits avec une cruche d'ancienne poterie, m'ont frappé par la force sobre de la couleur et par une extrême largeur de touche.

Les fleurs rappellent tout de suite le nom de M. Saint-Jean. Je voudrais pouvoir admirer sans restriction : je n'y parviens pas. Quelque bien représentés que soient des fruits, je ne puis m'habituer à les voir éparpillés par terre, non par un désordre de la nature, mais par une recherche de l'art ; mes yeux ne peuvent pas se faire à ces jaunes éclalants qui jaillissent de tous les points : melon, pêches, raisin, feuilles, toujours du jaune. D'un autre côté, je l'avoue, un bouquet trempé dans un simple pot de grès me plaît plus que les fleurs orgueilleuses qui s'étalent dans de superbes vases, sur des tables sculptées, à l'abri de riches tentures. On comprendra pourquoi je préfère, des trois tableaux de M. Saint-Jean, son bouquet dans une grotte : là tout est fraîcheur et simplicité; l'eau et la roche grise ont des tons neutres qui laissent aux fleurs tout leur éclat; l'œil et la pensée se reposent également.

Le fini poussé jusqu'à la sécheresse gâte le *Bouquet dans un oratoire*, de M. Remillieux; Mlle Wagner pose les siens au bord des précipices, ou les suspend dans des endroits où l'on aurait peur d'aller les chercher si, comme cela est probable, on se laissait séduire par leur charme. On s'approcherait, avec plus de sécurité et de plaisir, de *la Source* de M. Maiziat : quelques modestes fleurs croissent paisiblement au bord d'une eau limpide; leur solitude est une grâce, leur liberté un attrait : l'exécution, par sa simplicité, répond à la pensée de M. Maiziat. M. Pascal a posé sur un fond uni un bouquet de roses variées et naturelles. Les fruits de Mme Apoil sont d'une couleur riche, d'un velouté parfait, d'une facture magistrale, plus harmonieux que ceux de M. Estachon, qui méritent cependant d'être signalés par l'énergie du travail et de la couleur.

PASTELS, AQUARELLES, DESSINS, MINIATURES. — *MM. Gi-*
raud, Tourneux, Yvon, Mmes Bianchi et Coeffier ; MM. Be-
nouville, Verhas, Bida, Grenier, Buttura, Mlle Paravey,
Mme Herbelin, MM. de Pommeyrac, Maxime David, Pas-
sot, Mme Laporte, Mlles Durieu, Deharme, Marie Douliot,
M. Pichon.

Si on ne peut pas dire que le pastel soit abandonné, il
faut reconnaître qu'il n'a plus, je ne dirai pas son ancienne
vogue, mais la faveur qu'on a essayé de lui rendre : ses
avantages le font vivre, ses inconvénients l'empêchent de
prospérer. Quoi qu'il en soit, nous avons des artistes qui
savent tirer un grand parti de ce genre de peinture ; à leur
tête reste M. Giraud ; on lui doit un beau portrait, vigou-
reux, fier, vivant, de M. le comte de Nieuwerkerke, directeur
général des musées ; on ne saurait mieux poser une tournure,
mieux accentuer un visage. On peut regretter dans ce portrait qu'une des mains ne soit pas aussi correcte que l'autre,
et que les colonnes placées à droite s'avancent dans un ton
trop accusé. Ce sont les mains qui forment les parties faibles des deux portraits de jeunes filles exposées par Mlle Bianchi ; les têtes ont beaucoup d'harmonie et d'expression. Il
y a plus de fermeté dans le *Portrait de jeune dame*, par
Mme Coeffier. M. Tourneux, dans *Une halte de bohémiens*, a
essayé de lutter de solidité avec la peinture à l'huile ; il a
obtenu des tons vifs et chauds ; mais il a forcé l'effet, et il
est arrivé à des bruns qui assombrissent outre mesure toute
la scène. M. Yvon a complétement réussi, au moins comme

dessin, comme disposition et comme expression, le dessin au pastel qu'il a intitulé *Une partie de dames.*

Plusieurs bons dessins ou aquarelles méritent d'être signalés ; d'abord la belle esquisse des martyrs chrétiens conduits au supplice dans un cirque romain ; il faut espérer que M. Benouville en fera un tableau dans toutes les conditions de la grande peinture. M. Verhas, dans son légitime patriotisme, s'est si bien familiarisé avec les ruines imposantes du château de Heidelberg, qu'il les a représentées, vues de nuit, par un clair de lune, sous un aspect tout à fait vrai, sans avoir recours à un aucun moyen fantastique, comme il pouvait en être tenté. Les voyages en Orient profitent à M. Bida ; ils lui ont fourni le motif d'un intéressant dessin colorié d'une femme et d'une petite fille du Caire, et d'un dessin noir fort remarquable, la bastonnade. M. Bida, dans ce dernier ouvrage, a employé un procédé qui a toute la finesse d'une bonne gravure, mais dont l'uniformité enlève quelque chose à l'énergie des figures et des mouvements. Deux aquarelles, franches et vives, de M. Grenier, *Un soleil couché* et *Un soir,* auraient droit à des éloges si on n'était pas fondé à demander à l'auteur des travaux plus importants. M. Buttura, récemment enlevé par une mort prématurée, a laissé deux petits portraits à la mine de plomb, charmants bijoux de patience, de dextérité, de travail réussi.

L'aquarelle se prête merveilleusement à la peinture des fleurs ; mieux qu'aucun autre exposant, Mlle Paravey a su en employer toutes les ressources ; la vérité et la variété de la nature brillent dans ses fleurs de magnolia, ses fleurs de saxifrage et son bouquet de liseron; le talent de si bien peindre suppose une intelligente et sympathique habitude d'étudier.

Le petit domaine de la miniature est toujours cultivé avec

soin ; il convient aux dames, qui en prennent une bonne part, et y obtiennent de grands succès. Mme Herbelin semble avoir hérité des compliments que recueillait autrefois Mme de Mirbel ; elle les mérite pour l'éclat, la vivacité de sa couleur, pour la sûreté de son exécution ; mais il faut lui dire, dans l'intérêt même de sa gloire, qu'elle a, dès maintenant, à se défendre contre la négligence et contre la manière ; elle donne à ses jolies femmes des doigts ridiculement effilés et péniblement désossés ; elle a imaginé, de plus, une forme de nez pincé et retroussé dont elle paraît faire usage pour tout le monde. Ce sont les mêmes yeux que M. de Pommeyrac distribue à ses portraits ; il a, du reste, l'élégance et la distinction à un haut degré.

M. Maxime David suit les bonnes traditions de Mme de Mirbel ; il devra se rappeler que dans le champ resserré d'une miniature tout exige du soin, et qu'il faut éviter la pesanteur et la raideur dans les ajustements. M. Passot voit avec justesse et peint avec sobriété ; ses portraits de MM. Baroche et Drouyn-de-Lhuys en font foi. Mme Bost se consacre particulièrement aux portraits d'enfants : elle transporte sur l'ivoire toute la naïveté et la bonne fraîcheur de ses petits modèles. Je citerai encore Mlles Herminie Mutel, Durieu et Deharme, et Mme Lapoter, surtout pour son vieil officier invalide. Un mot à part doit être réservé pour Mlle Marie Douliot : cette artiste est sans doute fort jeune ; ses travaux montrent une grande inexpérience, des gaucheries, des incorrections ; mais ces défauts, que l'âge et l'étude pourront effacer, laissent entrevoir d'heureuses dispositions : Mlle Douliot sait déjà, d'une façon naturelle et vive, faire sourire les bouches, briller les yeux, parler les physionomies : elle a ce qui est l'essence de l'art ; qu'elle marche donc avec courage vers son avenir.

Une miniature à l'huile, fine et lumineuse, a été exposée par M. Pichon, à qui le salon doit aussi un tableau des *Saintes femmes au tombeau*.

GRAVURE, LITHOGRAPHIE. — *MM. Prévost, Martinet, Pelée, Desclaux, Jazet, Dien, Rosotte, Butavand, Lefman, Méryon, Desmaisons, Lassalle, Soulange-Teissier, Mouilleron, Léon Noël, Raffet, Eugène Leroux, Calame, Moulin et Hangard Maugé.*

Malgré les procédés expéditifs de la lithographie, la France ne déserte pas l'art difficile et glorieux de la gravure au burin : elle a encore, elle aura toujours des artistes dévoués et des éditeurs courageux. On peut se rassurer quand on voit une planche aussi grande, aussi belle que les *Noces de Cana*, l'immortel chef-d'œuvre de Paul Véronèse, gravée par M. Prévost, publiée par la maison Goupil et compagnie : je parlerai ailleurs de cette vaste composition. Nous devons à M. Martinet une bonne reproduction des derniers moments du comte d'Egmont, d'après M. Gallait, tableau correct, sentimental et froid. On aime à voir au salon, comme on les voit déjà chez beaucoup d'amateurs, trois belles gravures de M. Pelée, et une de M. Lévy, toutes appartenant à la collection des vierges de Raphaël, que M. Perrotin continue activement. On peut ranger au nombre des reproductions estimables celle de l'assassinat du duc de Guise, d'après M. Paul Delaroche, par M. Desclaux; on y voudrait plus d'air entre les figures des gentilshommes qui se rapprochent du roi après avoir terminé leur besogne. Les gravures à l'aquatinte de M. Jazet sont toujours habilement exécutées : l'une d'elles reproduit d'une manière très-fidèle le portrait du prince Président de la République, par M. Horace Vernet.

Rien de plus intéressant pour les artistes que les excellents *fac-simile* gravés sur les dessins de maîtres que possède la magnifique collection du Louvre; la chalcographie de notre grand musée national livre ainsi à l'étude les travaux les plus précieux. M. Dien a gravé cette année le *fac-simile* d'un dessin de Raphaël; M. Rosotte, celui d'un dessin de Poussin; M. Lefman, celui d'un dessin d'Andrea del Sarto; M. Butavand, celui d'une Psyché de Raphaël.

Parmi les eaux-fortes, je citerai celles que M. Méryon consacre, dans le goût du 17e siècle, aux anciens monuments de Paris.

Nos lithographes se distinguent comme toujours. M. Desmaisons a reproduit, tout à fait dans le goût du dessinateur, une de ces femmes charmantes et impossibles que prodigue le crayon de M. Vidal; M. Lassalle a rappelé les belles qualités de la Cléopâtre de M. Gigoux; M. Soulange Teissier a mis infiniment d'esprit dans l'*Intérieur d'atelier* où M. Decamp a si plaisamment installé un singe le pinceau à la main; le *Coin de jardin* de M. Karl Bodmer a trouvé, sous la main de M. Mouilleron, toute sa grâce, toute sa fraîcheur, tout son soleil. Les portraits de M. Léon Noël ont l'effet que cet habile artiste sait donner à ses productions; le même éloge est dû aux lithographies de MM. Raffet, Eugène Leroux et Calame.

La chromolithographie a aussi ses spécimens au salon; elle reproduit un vitrail, en style du 16e siècle, composé par M. Didron, dessiné par M. Ledoux, lithographié par M. Moulin et imprimé par M. Hangard Maugé. Le vitrail lui-

même est exposé à une des fenêtres du Palais-Royal ; il a
pour sujet l'Incarnation du Sauveur ; l'exécution de toutes
les parties qui le composent est très-soignée, et répond parfaitement à la pensée religieuse qui l'a inspiré. On est heureux de constater les efforts intelligents destinés à rendre
son éclat à la peinture sur verre, qui semble inséparable des
grandes œuvres de l'architecture chrétienne.

ARCHITECTURE. — *MM. Danjoy, Denuelle, Nieolle, Trochu,
Herard, Laisné, Revoil.*

L'espace et le temps m'échappent. Je le regrette vivement ; il y aurait bien des choses à dire sur les dessins d'architecture, et je puis à peine indiquer les plus importants.
Les uns sont des projets de monuments à élever, les autres
des représentations graphiques ou des restaurations de monuments existants. La première classe ne renferme, je le dis
franchement, rien de très-satisfaisant, rien de nouveau, rien
qui indique de l'originalité ou du progrès, soit dans l'appro-
priation intérieure, soit dans la décoration extérieure ; les
projets d'églises, de théâtres, de mairies, de bains pu-
blics, etc., sont jetés à peu près dans le moule ordinaire de
ces sortes de constructions. Je ne dirai rien non plus de
plusieurs projets de réunion du Louvre et des Tuileries : la
plupart sont mal conçus, et d'ailleurs ils n'ont plus désor-
mais d'utilité, le Gouvernement ayant arrêté ses plans.

M. Danjoy fait connaître dans tous ses détails la restauration de la cathédrale de Metz ; le système de peinture mu-
rale des églises gothiques est fort contesté, soit sous le rapport historique, soit au point de vue de l'art, tel qu'il était

compris dans le temps de la construction : je ne puis discuter ici cette thèse, et je dois me borner à louer la bonne exécution du dessin. Les mêmes éloges sont dus à M. Denuelle pour les beaux dessins de la décoration du chœur de l'église de Saint-Paul, de Nimes, commencée en 1838 et terminée en 1849 : M. Questel, architecte, en expose les plans, coupes, élévations, détails et vue perspective. On a voulu se renfermer strictement dans le style roman : les besoins des temps modernes entraînent cependant toujours des déviations. En admettant la possibilité d'une copie de ce genre, on aurait encore à lui reprocher d'avoir transporté dans le midi de la France le roman des bords du Rhin, et de ne l'avoir pas soutenu dans toute la rigueur chronologique ; les pastiches sont toujours dangereux.

Comme représentations, on remarque des dessins de peintures architecturales antiques, par M. Nicolle ; un palais de Versailles, de M. Trochu ; des plans, coupe et élévation du pont du Gard, excellent travail dû à la collaboration de MM. Questel et Laisné.

Les études sur des édifices anciens et ruinés tirent surtout leur intérêt du choix des sujets. Celles que M Hérard a faites sur l'abbaye de Vaux, de Cernay (Seine-et-Oise), sont très-détaillées et très-consciencieuses, et l'auteur les a commentées par un écrit archéologique qui contient des détails curieux. M. Laisné a relevé ce qui reste des dépendances de l'ancienne abbaye d'Ourscamp : il a donné, de plus, sept dessins du plus grand intérêt sur l'église d'Etampes, si intéressante par le mur crénelé qui la défend, par sa flèche élégante, par l'irrégularité de son plan, par le grand style de son portail latéral, par les diversités brusques que le temps a marquées à son intérieur. Des dessins très-bien faits, de M. Revoil, les plus remarquables, à tous égards, sont ceux d'une chapelle du 12e siècle, à Saint-Gabriel, près Tarascon ; ce petit sanctuaire, d'une simplicité et d'une élégance antiques, a conservé des traces de la belle architecture romaine, et mérite la plus sérieuse attention de la part des architectes qui construisent des édifices religieux.

SCULPTURE : *MM. Pradier, Rude, Clésinger, Poitevin, Elmerich, Lequesne, Courtet, Ottin, Moreau, Michel Pascal, Lescorné, Huguenin, Frison, Ménard, Chambard, Joley, Mélingue, Farochon, Etex, Gayrard, Auguste Barre, Mme Lefèvre-Deumier, MM. Cavelier, Nanteuil, Dantan aîné, Dantan jeune, Famin, Grass, Blavier, Gruyère, Jaley, Talnet, Thomas, Gayrard fils, Pollet, Oliva, Desprez, Lanno, Barye, Petit.*

La sculpture est-elle plus ancienne que la peinture ? Winkelmann dit oui, Raphaël Mengs dit non. La sculpture est-elle supérieure à la peinture ? Les sculpteurs du moyen âge prétendaient que oui : les peintres, bien entendu, soutenaient le contraire, et Vasari rapporte compendieusement les raisons pour et contre. Surviennent les architectes, qui arrangent l'affaire en se mettant eux-mêmes au-dessus de tout le monde ; leur prétention a trouvé, de nos jours, d'éloquents avocats ; parmi les plus habiles, les plus instruits et les plus décidés, je citerai M. Fortoul, aujourd'hui ministre de l'instruction publique. « On peut, dit-il (de *l'Art en Allemagne*, t. Ier), assurer en toute vérité que non-seulement l'architecture est le seul art qui existe par lui-même, mais encore qu'elle est l'art tout entier. » Je descends à regret de

ces hauteurs de la théorie ; j'aimerais à m'y arrêter et à ris-
quer mon mot sur les questions qu'on y discute. Mais l'heure
de la clôture du salon va sonner; l'œuvre de nos sculpteurs
me réclame, et il me reste à peine assez de temps pour signaler leurs plus intéressants travaux.

La première condition du beau pour la sculpture comme
pour l'art de peindre, c'est l'étude constante de la nature. On recommande, avec raison, aux statuaires l'étude
des œuvres grecques : mais il ne faut pas s'y méprendre ;
on donnerait aux travaux et aux méditations la plus fausse
direction si on proposait pour modèle l'art grec comme
possédant par lui-même le type et le secret du beau. L'é-
ternelle gloire des artistes de la Grèce est d'avoir rendu,
avec une suprême perfection, les formes que leur offrait la
nature, et d'avoir su choisir, de ces formes, les plus belles,
les plus nobles, les plus pures. Ce qu'il faut admirer et faire
admirer chez les Grecs, ce n'est donc pas la Grèce, mais la
nature, profondément et admirablement comprise. Enten-
dez-vous les choses autrement, vous tombez dans le pastiche. Vous ne faites pas plus vrai avec des Vénus ou des Her-
cule de convention, que, sous prétexte d'art chrétien, vous
ne faites vrai en copiant les longues et roides figures de saintes, de vierges et d'anges du 12e ou du 13e siècle.

Ces réflexions fondamentales s'appliquent à tous les sujets, anciens ou modernes, sacrés ou profanes; du reste,
sous la réserve de ce qui fait l'essence de la représentation
sculpturale de la nature humaine, l'artiste doit modifier
son style et le varier selon les caractères accidentels de tête
ou de corps, de costumes ou d'habitudes qui distinguent
les époques et les pays. On sera peut-être tenté de voir des
lieux communs dans de telles observations; on ne le pensera

plus après avoir parcouru l'exposition; rien ne fait mieux sentir la valeur des principes que les ouvrages où ils ne sont pas respectés.

On ne peut parler de la statuaire en France, sans être atteint par un souvenir douloureux : la mort de Pradier est un deuil pour l'art ; elle laisse un grand vide. Il est tombé dans tout l'éclat de sa gloire, dans toute la force de son talent. Le dernier de ses nombreux ouvrages, celui que le salon possède comme un legs du génie, brille de toutes les qualités du maître. L'élégance, la grâce, la souplesse du beau corps de Sapho, le goût exquis de ses vêtements et de sa coiffure, le moelleux des draperies qui suivent harmonieusement les mouvements du torse et des jambes, le choix de l'attitude, qui fait valoir toutes les lignes et ménage les jours et l'air avec un art charmant, tout cela séduit, attire, retient. Mais on doit la vérité, même aux morts ; je dirai donc que je ne me rends pas compte de certains plis brisés, et, ce qui est bien autrement grave, que si j'admire dans l'œuvre de Pradier une belle rêveuse, je n'y trouve point Sapho ; la mélancolie au regard profond, mais calme, ce n'est pas Sapho, ce type des ardeurs sensuelles et des transports jaloux. Le ciseau qui a si habilement sculpté ses traits n'est point allé jusqu'à son cœur ; la pensée, il faut le dire, reste au-dessous de la main, le sentiment au-dessous de l'exécution.

Le reproche que je viens de faire à la statue de Pradier, je l'adresse aussi à M. Rude : non, ce n'est pas une vraie Jeanne d'Arc qu'il nous a donnée, ce n'est pas surtout celle du temps qu'il a lui-même choisi. « Au moment de sa transformation, elle écoute encore les voix du ciel qui lui transmettent les ordres du Seigneur » ; ainsi parle le livret. Or

qu'était Jeanne lors de sa *transformation ?* (M. Rude appelle
sans doute ainsi l'instant où elle obtint la permission de
partir pour aller délivrer la France des Anglais). Une paysanne jeune, sage, recueillie, douce et bonne. Ses habitudes paisibles, sa simplicité religieuse ne l'avaient pas quittée
depuis qu'elle entendait ses voix et qu'elle se sentait appelée à sauver son pays ; ces cinq années de communications
mystérieuses et de luttes contre sa famille, racontées avec
tant de charme par M. Jules Quicherat, n'avaient altéré en
rien son caractère. Tout cela, le trouvez-vous, le devinez-
vous dans l'œuvre de M. Rude ? Je vois un corps grêle,
presque maladif, qui supporte une tête démesurément forte,
grave, mais anguleuse et sans beauté ; je vois une femme
qui, pour entendre ce qu'on lui dit, écarte ses cheveux,
comme si les voix qui parlent en dedans arrivaient au cœur
par l'oreille ! Au lieu du costume simple de la paysanne,
c'est-à-dire le jupon court, la longue chevelure tombant li-
brement sur les épaules, la jambe et les pieds nus, Jeanne
a une ample jupe, relevée disgracieusement par une corde,
et drapant avec ampleur du côté opposé ; ses pieds sont en-
fermés dans une longue chaussure pointue, ses cheveux
coupés en rond, et le dessus de sa tête couvert d'un petit
bonnet plat ; une armure sert d'appui et indique la guer-
rière. Tournez autour de cette statue ainsi comprise ; ses lignes contrarient l'œil, à l'exception d'un seul côté, celui de
la jambe étendue par derrière. La sûreté d'une main exercée,
l'habileté visible au maniement du marbre, ne me paraissent
pas suffisantes pour racheter les défauts de la conception.

Dussé-je être accusé d'un excès de sévérité, je reprocherai
à M. Clésinger d'avoir traité la *Tragédie* avec le faux goût
de l'époque de Louis XV, de l'avoir écrasée de draperies

compliquées et pesantes, de l'avoir appuyée sur un petit bras roide et sec, d'avoir donné aux épaules un mouvement pénible, d'en avoir haussé et bombé les lignes, d'avoir puérilement affecté de marquer la différence des étoffes par le travail du ciseau. Par dessus tout, je demande compte à M. Clésinger du choix de son modèle : Mlle Rachel est une excellente tragédienne, elle n'est pas la tragédie; entre le masque immobile de la Melpomène antique et le visage surexcité de l'actrice moderne, il y avait à chercher un type qui réalisât, sans froideur et sans flatterie, sans roideur et sans manière, l'être idéal. De jolis madrigaux peuvent personnifier la tragédie dans Mlle Clairon, la comédie dans Mlle Mars; la statuaire veut des pensées plus graves : les compliments ne sont pas à sa hauteur.

Je laisse à d'autres le soin d'exalter, comme le comble de l'art, des plis bien fouillés, fussent-ils mal posés, des cheveux bien rendus, fussent-ils ajustés et nattés avec prétention, un mouvement prononcé, fût-il exagéré, une expression vive, fût-elle grimaçante. Pour moi, j'aime mieux, contre mon habitude, appuyer ici sur les défauts. M. Clesinger a surtout besoin d'être averti; il a trop d'amis qui ne savent que le flatter. Son talent d'exécution est réel; mais il le consacre à un naturalisme sensuel qui l'abaisse. Il a été surfait par la camaraderie, gâté par la louange. Puissent les conseils désintéressés et bienveillants de la critique arriver jusqu'à lui et le faire réfléchir !

On a demandé si la sculpture se prête à l'action, ou si elle ne doit pas, pour satisfaire aux meilleures conditions de sa nature, représenter des personnes isolées et au repos. Comme disait Bossuet, pour la question des théâtres : Il y a de grands exemples pour, et de grandes autorités contre. Des artistes de nos jours ont essayé de résoudre le problème par leurs œuvres. Ils ont mis en pratique, dans toute son étendue, j'allais dire dans tous ses excès, la théorie du mouvement. M. Préault, qui n'a rien exposé cette année, a marché en tête des essais de sculpture dramatique et pittoresque. M. Maindron suit, depuis longtemps, mais plus sagement, la même voie : sa *Geneviève de Brabant* est dans ce système, avec des tempéraments qui le rendent acceptable pour les plus exigeants. Il a donné à Geneviève une expression vraie, un geste d'effroi maternel qui ne nuit pas à la beauté des lignes ; son mouvement ne détruit pas l'harmonie; l'ensemble est puissant et très-bien étudié; le bas du groupe est heureusement composé avec la biche et l'enfant qu'elle allaite; mais M. Maindron, pour balancer les lignes, selon le langage des sculpteurs, et pour mettre de l'action partout, a eu le tort de faire lécher par la biche les pieds de la femme. Il eût été facile d'éviter ce détail cherché. Je n'ai rien à dire du bas-relief exposé par le même artiste : c'est une erreur que l'on aime à oublier.

M. Poitevin a voulu aussi composer une scène : il a pris Judith au moment où elle vient de faire ce qu'on sait; l'épée à la main, elle regarde en l'air d'une façon théâtrale; elle a au-dessous d'elle une esclave à genoux, qui tient par terre la tête de la victime. L'exagération gâte ce groupe, dont l'auteur a voulu surtout marquer sur les figures le type juif et le type égyptien; contre son intention, la seule belle tête est celle d'Holopherne, réduite, pour le moment, au rôle que chacun connaît. L'exagération du mouvement est poussée à son apogée dans le *Guillaume Tell* de M. Elmerich; sous ces contorsions paternelles, il n'y a plus ni formes ni style. M. Lequesne n'en est pas là : il pourrait y venir. Le *Ctésiphon mordu par un serpent* peut être considéré comme une étude d'atelier; les muscles sont à leur place et bien

dessinés : mais quelles lignes désagréables ! quel défaut d'é-
quilibre ! Le *Faune dansant*, exécuté en bronze, d'après un
plâtre d'une précédente exposition, s'arrête à la limite que
le Ctésiphon a malheureusement dépassée. La *Centauresse* de
M. Courtet présente, sous le bronze, les qualités qu'on avait
remarquées lors du premier travail ; le corps et la tête de la
centauresse ont une grâce tout à fait antique : la tête du
faune s'y allie très-bien par la pose et par l'expression, mais
le torse et surtout les membres manquent de distinction et
l'attitude est impossible ; à moins de supposer un miracle
de l'amour, je défie le plus intrépide équilibriste de se tenir
ainsi deux minutes, fût-ce pour embrasser la plus jolie
écuyère du monde. M. Ottin a fort habilement disposé le
Polyphème surprenant Acis et Galatée, qui doit remplir la
niche principale de la belle fontaine du jardin du Luxem
bourg ; le cyclope, aux formes rudes, au regard sauvage,
posté au haut du rocher, contraste avec les deux amants
amoureusement enlacés ; le contraste est même trop tranché :
Acis et Galatée ont l'air de deux petits enfants. M. Ottin a
caressé les lignes de ces jolis corps ; il aurait dû donner à
leurs visages des traits plus fins et plus gracieux. La *Fée aux
fleurs*, groupe en plâtre de M. Moreau, s'enlève aisément et
avec une certaine hardiesse. Le *Maître à tous*, de M. Dubray,
c'est-à-dire l'amour vainqueur des êtres les plus grossiers, est
un groupe d'un goût antique ; le petit amour a un air conqué-
rant et satisfait, et le satyre renversé, qu'il tient par la barbe, a
une expression moitié douleur, moitié gaîté, très-réjouis-
sante. Il y a une bonne étude de la nature enfantine dans
les *Trois enfants portant des vignes*, groupe en bronze de
M. Michel Pascal.

Les sujets antiques ne sont souvent que des prétextes

6

qui prêtent admirablement aux développements de la statuaire : combien d'Arianes ont servi aux travaux de nos sculpteurs ! Celle de M. Lescorné me paraît un peu lourde et singulièrement disposée : tout le poids de son corps porte sur un bras ; il ne lui serait pas possible de rester un quart d'heure dans cette attitude. M. Huguenin a été mieux inspiré : sa *Psyché évanouie* est parfaitement posée. Si on peut désirer quelque chose de plus délicat dans les formes, on ne saurait demander un travail plus consciencieux, plus de vérité, un faire plus sérieux. J'aurais voulu seulement que M. Huguenin n'eût pas poussé le scrupule de l'imitation jusqu'à marquer les cils des yeux fermés ; il faut laisser cela au moulage, et la grande statuaire ignore les procédés de la miniature. Je citerai comme empreint d'un bon sentiment le *Baigneur à la coquille*, de M. Frison, et le *Mercure inventant le caducée*, de M. Ménard. En essayant Salmacis, M. Chambard a tenté l'impossible : la peine n'a pas manqué à sa faute : il n'a pas réussi. Sous le nom de *Souvenir de Pompéi*, M. Jaley a fait une statuette d'un caractère élégant, un peu mollement traitée, surtout aux mains, mais d'un grand charme. La statuette de l'*Histrion*, par M. Mélingue, sort d'une main et d'une intelligence exercées ; malheureusement, quelques parties, par exemple la cuisse gauche, n'ont ni modelé ni correction.

M. Farochon a fourni à la statuaire monumentale une figure destinée à orner le péristyle d'un tribunal : c'est *la Fermeté*, sous les traits d'une femme appuyée sur les tables de la loi, et portant un flambeau pour éclairer la justice et faire parvenir sa lumière dans les détours de la ruse ou du crime. La pensée de cette espèce d'allégorie est aussi clairement rendue qu'elle pouvait l'être : la tête, les draperies,

l'ensemble, présentent une belle sévérité de style, appropriée à la destination. Le *Saint Jean-Baptiste annonçant
la venue du Christ* se fait remarquer aussi par la simplicité
des grands plis de son costume et par la franchise animée de
son geste ; la tête n'a pas les mêmes mérites : dans les cheveux hérissés, les yeux hagards, la bouche colère, on ne devinerait pas le précurseur qui prêche, on soupçonnerait plutôt
le fanatique qui menace. M. Farochon a péché par excès d'expression : M. Etex a péché par excès contraire : sa froide
composition de *la Ville de Paris implorant Dieu pour les victimes du choléra* n'inspire aucune émotion ; elle se comprend
peu ; les figures, lourdes et languissantes, ne rappellent pas
une maladie violente, une sorte de poison foudroyant.
M. Gayrard a tiré tout le parti possible d'un sujet officiel,
la statue de *la France déposant son vote dans l'urne*.

Les bustes figurent en grand nombre au salon, et beaucoup méritent des éloges. Le Prince Président a posé devant
deux artistes, et son buste, représenté en marbre par tous
deux, prouve à quel point on peut faire ressemblant, en
faisant différemment. M. Auguste Barre a taillé un buste à
l'antique, carré par la base, fortement accentué ; Mme Lefèvre Deumier a exécuté un portrait moderne, terminé en
ovale, et porté sur un pied élégant ; M. Barre a procédé
par masses, en indiquant largement les lignes de tous les
plans ; Mme Lefèvre Deumier a étudié en détail, elle a rendu
les moindres méplats, les plus fines délicatesses de la peau.
S'il fallait caractériser ces deux bustes, tous deux d'une exécution remarquable, je dirais que l'un est plus gracieux, l'autre
plus sévère ; que l'un est un portrait, l'autre un monument ;
que l'un appartient au présent, et que l'autre semble réservé à l'histoire.

Parmi les meilleurs bustes, je dois mentionner ceux de M. Massin, par M. Cavelier; de M. le baron Desnoyers, graveur, par M. Nanteuil; de Mme de Mirbel, par Dantan aîné; de Spontini et de Marjolin, par Dantan jeune; de Callot, par M. Famin; de M. Coze, doyen de la faculté de médecine de Strasbourg, par M. Grass; de M. Tournachon, par M. Blavier; de M. Richomme, graveur de l'Institut, par M. Gruyère; de M. Maquet, par M. Jaley; de Jacquemont, par M. Taluet; de M. Aubé, par M. Thomas; de Mme Ceritto, par M. Gayrard fils. Je citerai, à part, un délicieux buste de femme, exécuté avec une rare délicatesse par M. Pollet, et celui de la mère Javonhey, fondatrice et supérieure générale de l'ordre de Saint-Joseph de Cluny, par M. Oliva, qui travaille le marbre et l'assouplit à toutes les formes, dans la manière de Germain Pilon, talent dont il a abusé dans un buste accidenté de Rembrandt.

Quelques statues en pied ont droit à une mention, bien qu'elles me paraissent manquer de caractère, telles que celles de Jacques Desbrosses, par M. Desprez, et de Montaigne, par M. Lanno.

La sculpture d'animaux, cultivée avec esprit et succès par MM. Mène, Fratin, Fremiet et quelques autres, a son maître dans M. Barye. Cet éminent artiste comprend et exécute en grand; il s'occupe peu du détail : il ne songe ni au poil ni à la plume; il accuse juste les parties qui donnent le mouvement et l'aspect. Aussi ses compositions, comme *Un jaguar dévorant un lièvre,* montrent une vigueur extraordinaire, et sont surtout appréciées par les personnes qui ont un vif sentiment de la nature et de l'art.

Je voudrais pouvoir m'arrêter aux médaillons, aux bas-reliefs, dont plusieurs ont de bonnes qualités. Je voudrais pouvoir dire un mot des absents que leurs travaux ont éloignés de l'exposition, comme M. Petit, qui termine, sous la direction de M. Simard, un excellent bas-relief destiné au tombeau de l'empereur Napoléon ; mais l'espace me trahit. Je dois m'arrêter et conclure.

Ma conclusion, la voici en deux mots : l'art, jugé d'après l'exposition actuelle, n'est pas en décadence ; il ne s'abaisse ni ne monte ; il tend seulement à se faire petit, et il se transforme plutôt qu'il ne se corrompt. La peinture religieuse est la partie de l'art qui souffre le plus. L'histoire se fond dans ce qu'on appelle le genre, et où l'on trouve une immense variété de talents ; le portrait se produit sous les aspects les plus divers ; le paysage est en progrès, et il semble s'épanouir comme s'épanouissent chaque matin au soleil des fleurs nouvelles. Le naturalisme s'épure en même temps que l'idéalisme se réalise : on peut entrevoir une transaction et l'avénement du vrai complet. Les jeunes artistes doivent être avertis : ils courent le risque d'isoler le procédé de la pensée, et de sacrifier le beau éternel au caprice d'un jour. Mais ils ont de l'ardeur, de l'imagination, de la sensibilité. Un peu moins de confiance dans la valeur qu'ils s'attribuent, et plus de sévérité dans l'étude ; à ces conditions, notre jeune école ira loin, et elle sera digne des générations d'artistes qu'elle côtoie, en attendant qu'elle les remplace.

FIN.

83

www.ingramcontent.com/pod-product-compliance
Lightning Source LLC
Chambersburg PA
CBHW071824090426
42737CB00012B/2179